水害に役立つ 減災術

― 行政ができること 住民にできること ―

末次 忠司 著

技報堂出版

書籍のコピー，スキャン，デジタル化等による複製は，
著作権法上での例外を除き禁じられています。

刈谷田川における破堤氾濫（平成16年）

越水に伴って破堤氾濫が発生し、高流速の氾濫水が建物流失等の被害を生じた
［写真提供：新潟日報社（7・13水害－長岡・三条・見附・栃尾・中之島－より）］

伊勢湾台風による被災状況（昭和34年）

戦後最多の死者、全壊・流失家屋数を記録した伊勢湾台風では、貯木場の木材が高潮で内陸部へ流下して、被害を助長した
［写真提供：毎日新聞社］

① 侵食の発生から5分

② 侵食の発生から17分

③ 侵食の発生から約30分

侵食による破堤プロセス（平成10年）

阿武隈川支川荒川では侵食により，短時間で破堤に至った
［写真提供：国土交通省東北地方整備局福島河川国道事務所］

地下施設への浸水流入（平成11年）

福岡の博多駅周辺では地下鉄，地下街，地下ビルへ浸水が流入し，1名が死亡した
［写真提供：国土交通省九州地方整備局］

地下鉄出入口の防水扉

地下施設のなかでも地下鉄は浸水被害が多く，多数の防水板や防水扉が設置されている。写真は東西線東陽町駅の出入口で高いステップもある

山梨大学のXバンドレーダーによる豪雨観測

解像度の高いレーダーにより局所的集中豪雨の観測が可能となった

調圧水槽　第3立杭　トンネル

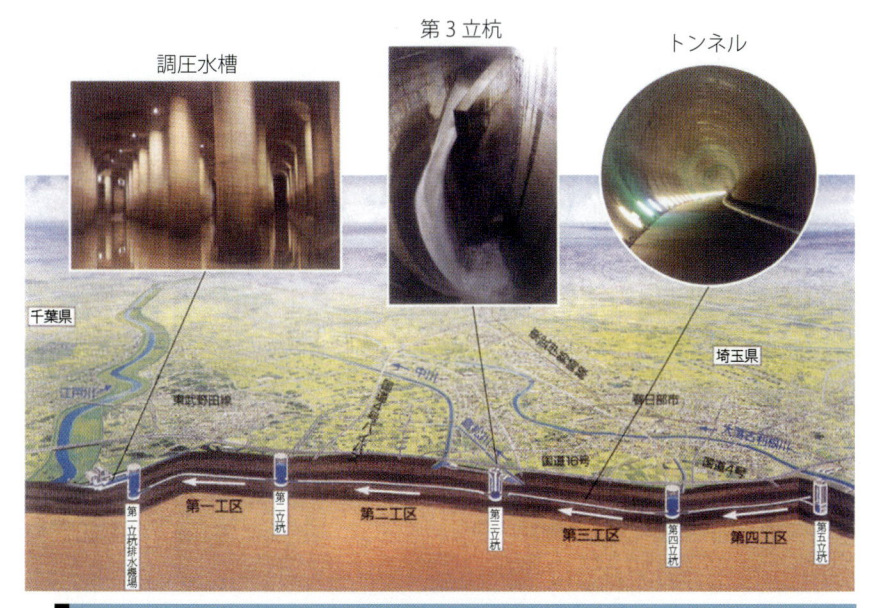

千葉県　埼玉県

第一立杭排水機場　第一立杭　第二立杭　第三立杭　第四立杭　第五立杭
第一工区　第二工区　第三工区　第四工区

首都圏外郭放水路

地下50mに建設された直径10mのトンネルにより，中川などの洪水を最大200トン江戸川へ排水する能力を有する

安倍川における水防活動

初期対応としての水防活動は重要で，安倍川ではこの活動により侵食破堤を免れた
[写真提供：国土交通省中部地方整備局静岡河川事務所]

黒部川氾濫と氾濫速度

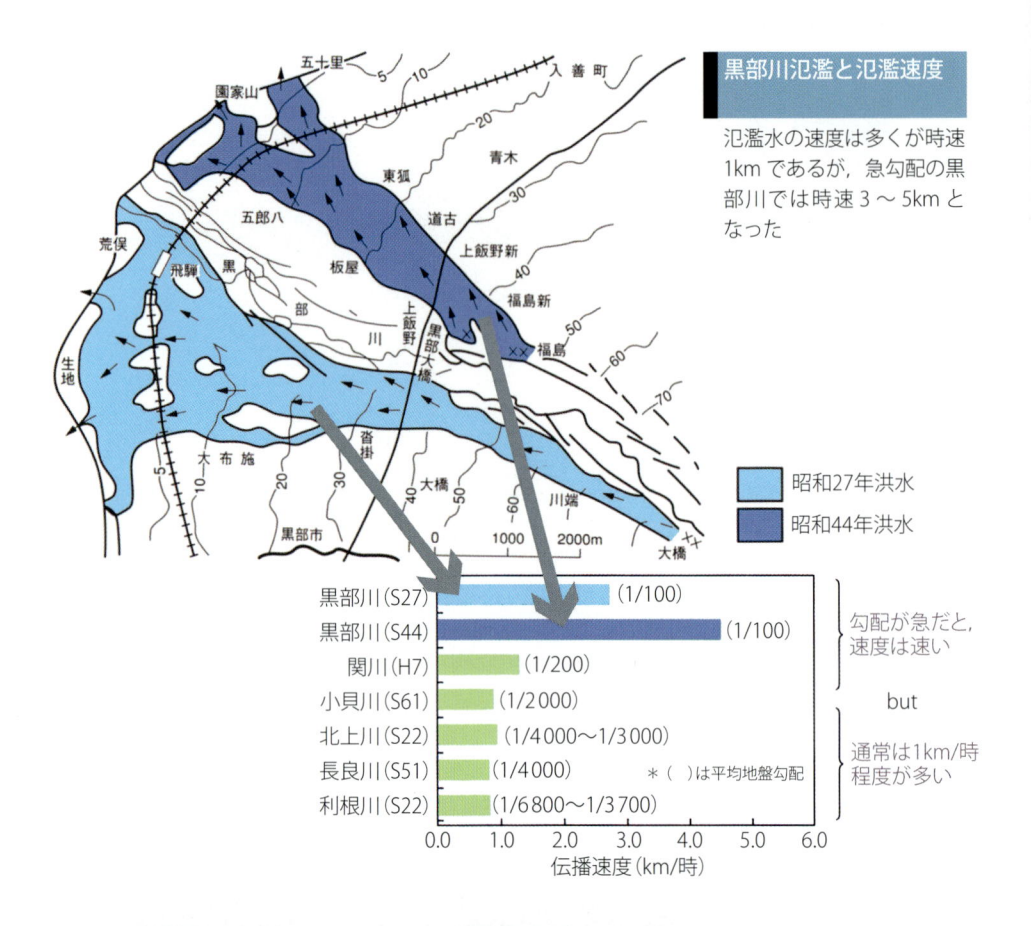

氾濫水の速度は多くが時速1kmであるが，急勾配の黒部川では時速3〜5kmとなった

凡例：
- 昭和27年洪水
- 昭和44年洪水

河川	平均地盤勾配
黒部川(S27)	(1/100)
黒部川(S44)	(1/100)
関川(H7)	(1/200)
小貝川(S61)	(1/2000)
北上川(S22)	(1/4000〜1/3000)
長良川(S51)	(1/4000)
利根川(S22)	(1/6800〜1/3700)

伝播速度(km/時)　0.0　1.0　2.0　3.0　4.0　5.0　6.0

＊( )は平均地盤勾配

勾配が急だと，速度は速い

but

通常は1km/時程度が多い

浸水中の避難

流れの速い浸水中では，ロープにしっかりつかまって移動する必要がある

はじめに

　減災に関する私の考え方を大きく変えたのはアメリカのミシシッピ川大水害（平成5年）と，今回の東日本大震災（平成23年）であった．日本で水害被害が減少するなか，アメリカの中西部水害の惨状を見て，日本でも同様の水害が起きた場合の危機回避方策を考える必要性を感じ，研究しているさなかで阪神・淡路大震災（平成7年）が発生した．研究のなかで解決できなかった課題が大震災で現実のものとなると，研究者としての非力さを感じたものである．東日本大震災でも被災形態こそ異なったが，同じような課題が露呈されることとなった．これまで，いくつかの書籍や論文に書いてきた「危機的状況を想定しない」，「安全神話に固執する」日本人の体質が再び明らかとなった．すなわち，東日本大震災の教訓としては，以下の事柄が考えられる．

- 危機的状況を想定しておく
- 少なくとも，超過外力に対する対応シナリオを考えておく
- 複合災害にも留意する
- 広域災害へ対応する体制を考えておく

　本書では水害を対象に，これまであまり言及されてこなかった，いやタブー視されてきた「危機的状況を想定」し，その状況に対応する減災体制・方策を例示した．この考え方は今後真剣に減災を考え，また減災に取り組もうとしている行政機関にとって非常に参考になると考えている．執筆したのは，ぎりぎりの状態での対応であり，その意味で「減災技術」を超えた「減災術」とでも言える対応策である．

　しかも，現象の空間スケール，対応スケールにより，県レベルまたは市レベルでどう対応すべきかについて言及している．県と県，市と市といった行政機関間の連携を考える必要性も言うまでもない．ただし，単なるマニュアルにならない

ため，詳細に記載せずにヒントを示した箇所もある．加えて，一部ではあるが，避難や浸水流入防止策等の住民対応についても記述し，自助の減災マニュアルとしても活用できるものである．

　まだ，研究途上の技術・方策も含まれており，今後研究・検証していかなければならないが，現時点でとりまとめた「減災術」を参考に少しでも水害被害を軽減できる「減災が促進」できるよう，本書の活用をお願いする次第である．

平成23年10月

　　　　　　　　　　　　　　　　　　　　　　　　　　末次　忠司

本書を読んで頂くにあたって

○ 本書では洪水災害や氾濫被害を減災するために必要な46項目について解説している。
○ 本書は行政機関等の職員や減災に関心のある住民を主な読者対象に想定している。減災技術は行政機関等に関係するものと，一般住民に関係するものがある。そこで，とくに住民に関係する節では，タイトルの前に【住】マークを付した。したがって，このマークがついていない項目は行政機関等に深く関係する内容となる。
○ 執筆方針としては，これまであまり言及されてこなかった，「十分でない体制で，危機的状況に対応するための方策」について，具体策を含めて示した。また，下記①～④に示す観点からの整理・分析結果を示した。

十分でない体制下で		危機的な状況に		どのように対応するか
・庁舎が損壊 ・庁舎のライフラインが停止 ・職員が参集できない ・避難が困難 ・水防資器材が足りない	×	・破堤した ・越水しそうである ・氾濫流が市街地へ流入しそうである ・軒下まで浸水 ・氾濫水に流された	×	・緊急復旧，資材調達 ・ポンプ排水停止，水防・避難活動 ・陸閘閉鎖，緊急排水路 ・家から脱出 ・救助，救出

① 現象を分析的に考える
　　氾濫水の伝播は破堤箇所近くと，離れた箇所で異なる
　　氾濫流の挙動を地形特性との対応で考える
　　氾濫流の挙動から見た避難の必要性，安全性
② 時間軸に対応した方策
　　大雨警報の発令に短時間雨量を採用する

　　　　避難勧告・指示の発令基準水位に洪水上昇速度を活用する
　　　　破堤箇所の仮締切の工程管理
　　③　緊急対応
　　　　危機的状況への対応
　　　　地下施設における対応
　　　　安全な避難術
　　④　社会科学的アプローチからの検討
　　　　防災心理学の観点からの避難活動
○ 防災・減災に関する一義的な責任は市町村にある（災害対策基本法第5条）。その一方で市町村の防災体制は変化してきており，最新の情報を集めて分析する必要がある。本書では平成23年1月に山梨大学と国土交通省災害対策室が共同で実施した「市町村の水防災体制調査」結果に基づいて，参考になる事例を例示している。文中では「平成23年全国調査」と称している。
○ 本文中の記載順序は，豪雨 → 洪水 → 洪水災害 → 破堤 → 氾濫，情報収集 → 情報伝達 → 避難勧告・指示の発令 → 避難行動といった災害発生までのプロセスや災害対応までの流れになるべく合わせている。しかし，「ハード施設による危機回避」や「さまざまな状況に対処する」のように，複数のプロセスに関係する場合は，関係する事象をいったんすべて列挙し，他で記述しているものはその箇所を示し，それ以外について該当する節で解説するようにした。
○ 死者・行方不明者数という表現は長いため，死者数と略記している箇所がある。犠牲となったという表現も死者だけでなく，行方不明者を含めた表現である。
○ 文中の年代は官公庁において法律や災害発生年で用いられている年号を用い，大正時代以前は年号ではわかりにくいため，西暦表示または西暦と年号の併記とした。
○ 各節の最後に詳細な内容を知るための参考文献を示したので参考にして頂きたい。また，巻末には参考となる河川の減災関係の市販図書の一覧を示した。

目　　次

第1章　豪雨と水害 ——————————————————— 1
 1.1　災害規模で変わる計画・対応 ……………………………… 2
 1.2　水害でも特徴は異なる ……………………………………… 3
 1.3　簡単に理解できる局所的集中豪雨 ………………………… 6
 1.4　MPレーダーで豪雨を知る ………………………………… 9
 1.5　10分間雨量活用のすすめ ………………………………… 11

第2章　豪雨と洪水を知る ——————————————— 13
 2.1　梅雨末期に集中豪雨 ………………………………………… 14
 2.2　台風災害に備える …………………………………………… 16
 2.3　小河川ほど要注意の洪水流出 ……………………………… 20
 2.4　洪水の特徴を知る …………………………………………… 22
 2.5　都市河川に流域対応 ………………………………………… 26

第3章　情報と危機回避 ————————————————— 31
 3.1　【住】役立つ情報源 ………………………………………… 32
 3.2　【住】これらの情報に注意する …………………………… 34
 3.3　こうなったら危機的状況 …………………………………… 37
 3.4　危機回避のためのシナリオ ………………………………… 41
 3.5　ハード施設による危機回避 ………………………………… 46
 3.6　【住】さまざまな状況に対処する ………………………… 50

第4章　洪水災害と水害 ————————————————— 55
 4.1　洪水災害の対策を考える …………………………………… 56
 4.2　水防で災害に対処する ……………………………………… 62

4.3　災害に影響する流木・土砂 ………………………………… 68
　　4.4　水害被害の概要を知る ………………………………………… 71

第5章　破堤氾濫と対策 ——————————————— 75
　　5.1　破堤原因を見分けるテクニック …………………………… 76
　　5.2　破堤による地形変化 …………………………………………… 79
　　5.3　破堤すると，こう氾濫する ………………………………… 81
　　5.4　地下で浸水に遭遇したら …………………………………… 85
　　5.5　地下施設の浸水対策 …………………………………………… 91

第6章　浸水危険性と情報 ——————————————— 95
　　6.1　望まれるハザードマップ …………………………………… 96
　　6.2　地形でわかる浸水危険性 ………………………………… 100
　　6.3　無線で情報を収集・伝達する …………………………… 103
　　6.4　情報を携帯に伝える ………………………………………… 106

第7章　避難あれこれ ————————————————— 109
　　7.1　避難命令を発令する水位を決める ……………………… 110
　　7.2　なぜ避難しないか …………………………………………… 113
　　7.3　【住】避難する必要があるか ……………………………… 116
　　7.4　浸水する避難所 ……………………………………………… 118
　　7.5　避難の成功事例 ……………………………………………… 121
　　7.6　【住】避難のノウハウ ……………………………………… 124
　　7.7　【住】浸水中の車は危険 …………………………………… 128

第8章　危険箇所発見 ————————————————— 131
　　8.1　波及するライフライン被害 ……………………………… 132
　　8.2　堤防の危険箇所を発見する ……………………………… 137
　　8.3　地域の危険箇所を発見する ……………………………… 140
　　8.4　センシング技術を活用する ……………………………… 142

第9章　被害軽減手法 ────────────── 145
9.1　氾濫流をコントロールする …………………… 146
9.2　二線堤で都市を守る ……………………………… 155
9.3　緊急的な災害復旧 ………………………………… 158

第10章　減災体制 ──────────────── 161
10.1　温故知新に学ぶ ………………………………… 162
10.2　減災教育で意識を高める ……………………… 165
10.3　これでチェックできる水防災体制 …………… 167

参考図書 ……………………………………………………… 170
索　引 ………………………………………………………… 171

第1章
豪雨と水害

1.1 災害規模で変わる計画・対応

　東日本大震災で起きたことを考えると，今後の防災・減災では，大災害・中災害・小災害に分けて，計画・対応を考えていく必要がある。すなわち，水害に関して考えれば

- 発生頻度は低いが，被災規模が大きな伊勢湾台風災害のような災害では，ハード対策も重要であるが，広範囲での避難活動や災害復旧活動などのソフト対策が要求される
- 発生頻度が高いが，被災規模が小さな内水災害では，流域対応により安全度の向上を図ったり，内水ハザードマップなどにより，意識啓蒙を図る方策が考えられる

などのように，災害の規模により対応の仕方はずいぶんと異なってくる。計画論で言えば，大災害は河川整備基本方針の基準となっている 1/100 や 1/200 の確率降雨[*1]に対して発生する氾濫災害が対象となり，中小災害では河川整備計画以下の規模で対象としている豪雨・洪水に伴って発生する災害が対象となる。なお，計画規模を超える超過洪水については，施設計画で処置することは難しいが，超過洪水が発生した場合に生じる氾濫現象などを明らかにし，対応するシナリオについて検討しておく必要がある。このように災害レベルによって対応・計画は異なるので，本書ではそれぞれの記述が，どのレベルの災害に相当するものかについて，主要なものについて記載することとした。

[*1] 例えば 1/100 の確率降雨は 100 年に 1 回発生する降雨量と思われている。しかし，実際は雨量分布で超過確率が 1/100（1％）の降雨量を指す。そして，例えば対象期間が 50 年の場合，1/100 雨量の発生確率は $1 - (99/100)^{50} = 0.39$ で，39％である

1.2 水害でも特徴は異なる

　水害には洪水・氾濫災害の他に，土砂災害，高潮・津波災害も含まれるが，本書で扱っているのは主として洪水・氾濫災害である。水害には破堤や越水に伴う外水氾濫，小河川や下水道からの内水氾濫など，さまざまな形態がある。近年は大規模な河川の破堤災害が減少している反面，とくに都市域を中心とした内水災害が多くなっている。また，発生場所により都市水害や農村水害となったり，地形により氾濫形態が異なることもある（後述）。近年発生した水害について，主要な特徴を整理すると表-1.1 の通りで，地形が影響した水害や地下水害などがある。

表-1.1　近年発生した水害の特徴

水害名：場所	年月	水害の主要な特徴
福岡水害 福岡市	H11.6	豪雨（77mm/h）に伴い，JR 博多駅周辺と天神地区で地下水害等が発生した。下水道からの氾濫と河川氾濫により，地下鉄・地下街などの地下施設が浸水した他，地下室で 1 名が亡くなった。4 年後にも JR 博多駅周辺で地下水害等が発生した
東海豪雨災害 名古屋市	H12.9	豪雨（93mm/h）により新川破堤等に伴う広範囲の都市災害となった。一般家庭や事業所の被害が多く，一般資産等水害被害額の割合が 9 割以上となった。水害により 10 名が犠牲となり，多数の車も被災した。水害裁判が 2 件提訴された
台風 23 号災害 兵庫県豊岡市	H16.10	206mm/12h の豪雨による盆地災害である。円山川および支川出石（いずし）川破堤に伴い，12km^2 という広範囲が浸水し，1 名が犠牲となった。盆地および堤防の沈下が被害に影響を及ぼした
伊賀川水害 愛知県岡崎市	H20.8	豪雨（146.5mm/h）に伴う都市水害である。河道の狭窄区間上流で越水し，2 名が犠牲となった。河道付替により左岸の堤内地は堤防と台地・丘陵地に囲まれた窪地となっていた
佐用町水害 兵庫県佐用町	H21.8	豪雨（81.5mm/h）に伴い 20 名が被災した。とくに佐用川支川幕山川からの氾濫水が集中し，避難者が農業用水路に流され，6 名が犠牲となった。町は避難勧告の遅れに対して提訴されている

＊　水害は 70mm/h 以上の豪雨により発生している。水害の誘因は様々である

第1章　豪雨と水害

洪水に伴う災害がある一方で，地震や土砂災害と複合した水害もあり，

- 地震により山腹が崩壊し，崩壊土砂が河道を堰とめて，堰とめ湖を形成した。この堰とめ湖が決壊したために，下流で氾濫被害が発生した。例えば，善光寺地震では松代領内で4万箇所を超える山崩れが発生し，とくに虚空蔵山の崩壊は千曲川支川犀川を閉塞し，約30kmの湖を形成した。地震発生の20日後にこの湖が決壊したため，善光寺平は大洪水となり，100名以上が亡くなった

  例）　善光寺地震（1847），飛越地震（1858）

- 地震により堤防が沈下・陥没し，そこへ地震に伴う津波が来て，越水災害が発生することはよく見られる。例えば，新潟地震では信濃川堤防が沈下・陥没したところへ，1〜2m（最高で6m）の津波が遡上したため，堤防を越水し，沿川の約1万世帯が床上浸水被害を被った

  例）　南海地震（S21.12），十勝沖地震（S27.3），新潟地震（S39.6），北海道南西沖地震（H5.7）

- 地震により断層がずれ，河道に段差が生じたために，排水できなくなって，浸水被害が発生した。例えば，濃尾地震では断層のズレ（2m）により，深瀬地区を流れる鳥羽川の上流側が沈下して排水できなくなったために，鳥羽川と深瀬川の合流点一帯が浸水した

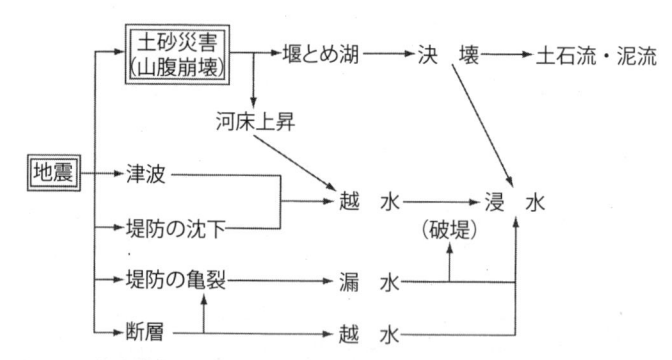

図-1.1　複合災害の発生プロセス
複合災害は地震をきっかけに発生することが多く，地震による崩壊土砂が河道を堰とめて，水害を発生させる場合と，地震による津波・堤防被害が水害を発生させる場合がある

例）濃尾地震（1891（M24).10），三河地震（S20.1）
などがこれまでに発生し，甚大な被害を引き起こした。

◎参考文献
1) 末次忠司：河川技術ハンドブック，鹿島出版会（2010）
2) 田畑茂清・水山高久・井上公夫：天然ダムと災害，古今書院（2002）
3) 町田洋・小島圭二 編：自然の猛威，岩波書店（1996）

1.3 簡単に理解できる局所的集中豪雨

　前述した水害からもわかるように，豪雨規模が70mm/h以上になると，大きな水害が発生する。約1300地点のアメダスデータを用いて，70mm/h以上の発生地点数を見ると，年平均で46地点（おおむね20～80地点）も発生している。空気中に含まれる水蒸気量を対流圏界面（高さ17～18km）まで積算して，すべて降雨になったと仮定しても，約30mmの雨量にすぎないが，実際はもっと大量の豪雨が発生している。台風にしろ，前線にしろ湿った大量の水蒸気が上空に供給されてはじめて，大雨がもたらされる。集中豪雨の水蒸気は地表面が暖められるか，空気の流れが収束するか，前線による上昇流によって上空に運ばれる。とくに都市域ではヒートアイランド現象も加わって，上昇気流が活発となり，降雨量が増大する。局所的集中豪雨ではこの上昇流が断熱膨張[*1]を起こすため，

写真-1.1　集中豪雨の様子
カンボジアで撮影した集中豪雨をもたらす雨雲

---

　*1　ピストンを急に動かした場合，ピストン内の熱変化が少ないのと同じ原理である

1.3 簡単に理解できる局所的集中豪雨

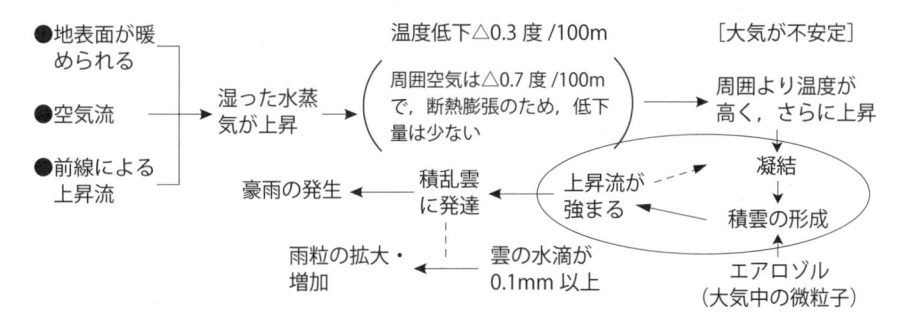

図-1.2 集中豪雨の発生プロセス
湿った水蒸気が上昇気流により上空に運ばれて積乱雲が発達するのが発生原因であるが、上昇段階で温度上昇し、大気が不安定になることが発達を更に助長する

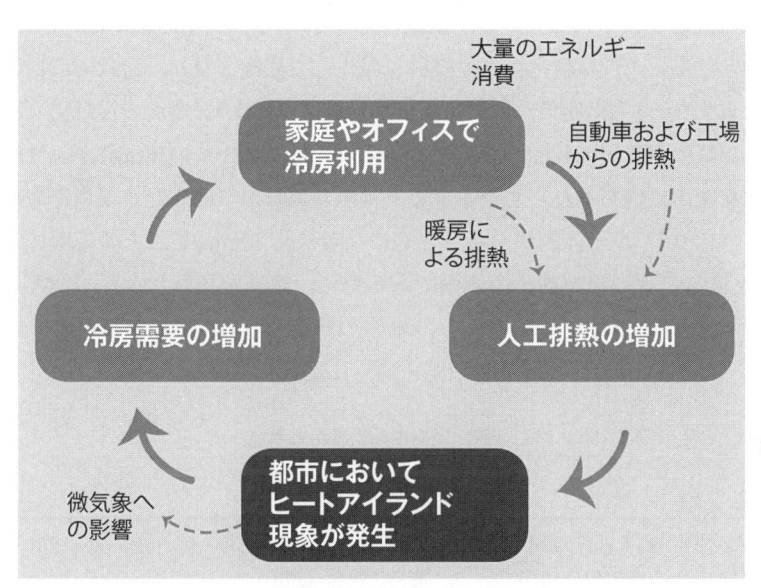

図-1.3 循環するヒートアイランド現象

第1章　豪雨と水害

周囲の空気（△0.7度/100m）に比べて，温度低下量が△0.3度/100m[*2]と少なく，周囲より相対的に温度が高くなり，さらに上昇気流が強くなる（大気が不安定となる）。水蒸気は凝結してエアロゾル（大気中の微粒子）とともに積雲を形成する。積雲の上昇流が強まるにつれ，数十kmスケールの積乱雲に発達し，大きな雨粒が増えると，局所的集中豪雨となる。なお，大きな雨粒とは0.1mm以上で，通常は0.1mm以下が7～8割と多いが，豪雨の時ほど粒径の大きな雨粒が多くなる。

このような豪雨は擾乱（乱れ）スケールの大きさにより，予測の困難さが異なる。例えば，同じ平成16年7月水害であっても，新潟・福島豪雨のように，擾乱スケールが大きい場合は予測可能であるが，福井水害のように擾乱スケールが小さい場合は予測が困難である。今後擾乱スケールの小さい現象を予測するには，計算格子間隔を小さくするとともに，ドップラー・レーダーにより得られた立体的な観測値を初期値としたメソ数値予報モデルに改善していく必要がある。

実際の気象現象で見ても，集中豪雨は雨雲を構成する積乱雲によって，2種類に分類される。一つは積乱雲が連続的に発生して豪雨となり，比較的広域に水害をもたらすタイプで，近年の例では東京都杉並区（H17.9），金沢の浅野川（H20.7），愛知県岡崎の伊賀川（H20.8）などがある。この他には一つの積乱雲が急発達して，局地的な豪雨災害をもたらすタイプで，神戸の都賀川（H20.7），東京都豊島区雑司が谷（H20.8）などの例がある。とくに後者は約70mm/h以上の豪雨域が5～7km^{2}と非常に狭い局地的集中豪雨であるため，雨域を把握したり，災害対応が非常に難しい状況となる。これらの水害の概要は「1.2 水害でも特徴は異なる（p.3）」や「1.5 10分間雨量活用のすすめ」に記載している。

---

*2　乾燥した空気は△1度/100mと温度低下量が大きい

◎参考文献

1) 末次忠司・高木康行：都市河川の急激な水位上昇への対応策，水利科学，No.307（2009）
2) 末次忠司：河川技術ハンドブック，鹿島出版会（2010）

1.4 MPレーダーで豪雨を知る

テレビの天気予報などでは,アメダス[*1]の観測データに基づいて降雨状況が説明される場合が多い。アメダスでは全国に雨量計や風速計などが設置され,電話回線でリアルタイムでデータ送信されている。しかし,雨量計が設置されているのは約1300地点であり,細かい地域ごとの雨量状況を把握することは難しいため,雨量レーダーの情報もあわせて報道されている。例えば,レーダー・アメダス解析雨量は気象レーダーの降水強度を地上雨量データで校正して公表されている。気象庁レーダーでは1km×1kmごとのデータが表示される。これに対して,近年設置が進んでいるXバンドMPレーダーでは250mまたは500mごとの空間解像度のデータが表示され,観測密度としては従来の4～16倍の精度向上となっている。そのため,降雨状況を細かく把握でき,局所的集中豪雨を観測することが可能となる。MPレーダー(マルチ・パラメータ・レーダー)は,二重偏波ドップラーレーダーとも呼ばれ,

- 従来の水平偏波に加えて,垂直偏波の観測により雨滴粒子の形状を観測できる→二重偏波
- 雨雲の移動状況を把握できる→ドップラー

の2要素を備えている。

MPレーダーは波長が約3cmと従来レーダー(約5cm)に比べて短く,観測密度を細かくできる利点を持つ反面,電磁波(マイクロ波)が減衰しやすいため,観測範囲は半径約60kmと狭いのが欠点である。雨滴は2mm程度まではほぼ球形であるが,それ以上になると風の抵抗を受けて横に長いだ円形となる。直径が7,8mmを超えると,雨滴は分裂してしまう。この降雨粒子の形状(直径D)と数を観測して降雨量に換算するのがレーダー観測の仕組みである。降雨粒子の直径Dとレーダー・パラメータとはレーダー反射強度∞D^6,降雨強度∞D^3の関係がある。

[*1] アメダスはAutomated Meteorological Data Acquisition System(AMeDAS:地域気象観測システム)の略で,1970年代前半に整備された

第 1 章 豪雨と水害

表-1.2 MP レーダーと従来の気象レーダーの比較

種類	波長（周波数）	観測範囲	空間解像度	データ更新間隔時間	補正
従来の気象レーダー	約 5～6cm (C バンド 約 5GHz)	約 120km <定量的>	1km×1km	5 分	地上雨量計による補正
MP レーダー	約 3cm (X バンド 約 9GHz)	約 60km	500m×500m 250m×250m	1～5 分	補正不要

　MP レーダー（送信機が固体素子）は国土交通省鷲峰山レーダーの他，電力中央研究所，山梨大学，名古屋大学などで運用されている。MP レーダー（送信機がクライストロンまたはマグネトロン）は国土交通省の他，防災科学技術研究所，北海道大学など多数の機関で運用されている。とくに国土交通省では平成 21 年度末までに 4 地域[*2] 11 基の MP レーダーを整備し，平成 22 年 7 月より観測情報の試験配信を行っている他，平成 22 年度末までに新たに 15 基の MP レーダーを整備し，局地的集中豪雨の観測体制を築いている。また，山梨大学では平成 21 年 4 月より MP レーダーによる観測を開始し，平成 22 年 6 月よりインターネットへの情報配信を行っている。

写真-1.2 MP レーダー（山梨大学）
大学校舎の屋上に設置され，気象構造の解明のため，レーダーの迎角を変えながら観測を行っている

[*2] 4 地域とは関東，名古屋，近畿，富山・石川である

1.5　10分間雨量活用のすすめ

　避難勧告・指示は洪水位，警報，災害の発生などに基づいて発令されることとなっているが，実態としては避難注意水位（警戒水位）や大雨・洪水警報が基準となっていることが多い。大雨警報は時間雨量などに対して発令されている。しかし，短時間集中豪雨の場合，時間雨量を基準にすると，水防や避難活動などの災害対応が間にあわない場合がある。そこで，近年観測地点数が増えている10分間雨量を活用することを推奨したい。

　大雨警報の基準雨量は地域によって異なるが，おおむね40～50mm/hである。1961～2000年の10分間雨量と時間雨量との関係（静岡県内の気象官署データ）を見ると，時間雨量の上位約3割が10分間雨量の約3倍に位置していることより，大雨警報に相当する10分間雨量の基準雨量はおおむね15mm/10分と考えられる。近年水害が発生した地域の10分間雨量で見ると，表-1.3に示した16事例中7事例が最初の10分で基準値15mmを超えている（太字がおおむね15mm以上）。すなわち，10分間雨量を基準値に用いると，約半分の事例で避難勧告・指示を50分早く発令できる可能性が高く，10分間雨量を活用することの有用性が伺える。なお，表中の時間雨量は毎正時の雨量を採用している。現在自治体では10分間雨量は参考程度にしか使われていないが，今後更なる活用が望まれる。10分間雨量を避難勧告・指示の発令基準雨量に用いるのがもっとも良いが，たとえそれが難しくても，「危機回避準備雨量」のような位置付けで活用すべきであると考える。

第1章　豪雨と水害

表-1.3　水害発生時の10分間雨量分布

発生年月日　時刻 場所（観測所）　時間雨量	0分〜10分	10〜20	20〜30	30〜40	40〜50	50〜60	水害の概要
2010.7.14　6〜7時 佐賀（北山）　79.5mm	**16**	15	10	13	14.5	11	道路損壊や農業被害
2009.8.9　20〜21時 佐用（佐用）　81.5mm	10.5	10.5	14.5	16	14	16	氾濫により避難中等に20名犠牲
2009.7.24　19〜20時 飯塚（飯塚）　98mm	**19.5**	20	19	15.5	15	9	千棟以上の家屋が浸水
2008.9.5　15〜16時 堺　81mm	**16**	17.5	19	17.5	6.5	4.5	堺市中心に326棟浸水
2008.8.29　1〜2時 伊賀川（岡崎）　146.5mm	**24**	25	26.5	30.5	17	23.5	狭窄部の水位堰上げで2名犠牲
2008.8.6　17〜18時 枚方　63mm	**25.5**	24	9.5	2.5	1	0.5	多数の家屋が床下浸水
2008.8.5　14〜15時 豊島区（東京）　53.5mm	0.5	2	8	15.5	18	9.5	下水道工事中に5名が犠牲
2008.7.28　14〜15時 都賀川（鶴甲）　36mm	—	—	—	2	24	10	段波で河川内の5名が犠牲
2006.8.22　14〜15時 豊中　103mm	4.5	6.5	18.5	26	19	28.5	豊中市内で300戸以上が浸水
2006.7.22　9〜10時 鹿児島（大口）　68mm	10.5	9	12	15.5	13.5	7.5	川内川の氾濫により多数の家屋が浸水
2005.9.4　22〜23時 杉並（練馬）　51mm	**14.5**	10.5	5	3	7.5	10.5	神田川などが氾濫し，中野・杉並で3 200棟浸水
2004.9.29　8〜9時 宮川（宮川）　110mm	14	20	17	16.5	21.5	21	大規模な土砂災害が発生
2004.7.13　8〜9時 刈谷田川（栃尾）　58mm	6	7.5	12.5	12.5	11.5	8	破堤・越水で広範囲が被災
2003.7.19　4〜5時 福岡（太宰府）　99mm	**26.5**	21	12	14.5	12.5	12.5	浸水や地下水害（博多駅）が発生
1999.7.21　15〜16時 練馬（江古田）　118mm	1	23	32	25	17	20	練馬の地下室で1名死亡
1998.8.27　17〜18時 余笹川（黒磯）　84mm	7	5.5	8.5	18.5	23	21	氾濫流で多数の家屋流失

＊　（　）内は観測地点名である

第2章
豪雨と洪水を知る

2.1 梅雨末期に集中豪雨

　梅雨の時期は地域により異なるが，関東ではおおむね6月10日頃から7月20日頃までが多い。梅雨は寒気と暖気の勢力が釣り合った梅雨（停滞）前線に伴って発生する。梅雨前線はオホーツク海高気圧と太平洋高気圧の間に形成される停滞前線で，偏西風に伴うジェット気流がヒマラヤ山脈やチベット高原（熱源）でわかれて，日本の東方海上で合流してオホーツク海高気圧（冷源）を形成するのが成因である。梅雨前線付近では数十〜百km四方のメソ低気圧が上昇気流を伴って豪雨を発生させ，豪雨域は東西方向に細長い範囲となる。温帯低気圧に伴う寒冷前線や温暖前線であれば，偏西風の影響により数日で通過していくが，梅雨時は大きな太平洋高気圧などは動きが鈍いため，1か月以上も同じ場所に居座る場合がある。豪雨域は停滞しているが，同じ雨雲が豪雨をもたらしているのではなく，西から移動してきた雨雲が入れ替わりながら，豪雨をもたらしている。とくに7月中旬〜下旬にかけての梅雨末期に，南方海上から北東方向に流入する「湿舌（しつぜつ）」が前線に大量の水蒸気を供給すると，災害を引き起こす豪雨となるので，注意する必要がある。梅雨は日本だけでなく，中国南部や台湾など東アジア特有の現象である。

　梅雨前線による水害としては，
- 長野県を中心に357名が死亡し，約42万棟の家屋が被災した梅雨前線豪雨。とくに長野県の飯田盆地の水没，大西山の崩壊（伊那谷水害）が大きな被害をもたらした（S36.6.27）
- 長崎県を中心に土砂災害と氾濫災害により439名が死亡した長崎水害

表-2.1　平年の梅雨入り・明け

	福岡	東京	仙台
梅雨入り〜明け	6/6〜7/18	6/9〜7/18	6/11〜7/21

＊　東北地方など，梅雨明け時期が特定されない年もある

2.1 梅雨末期に集中豪雨

写真-2.1 破堤氾濫流による被害（福井水害）
市街地で破堤氾濫が発生し，多数の家屋が浸水した
（足羽川洪水災害調査対策検討会：足羽川洪水災害調査対策検討報告書
平成17年，p.2-10 より）

（S57.7.23～25）
- 山陰地方の島根県などで107名（うち8割が土砂災害）が犠牲となり，全半壊家屋は3 000棟に及んだ山陰豪雨災害（S58.7.20～23）
- 福岡市（地下水害）を中心に被害が発生した福岡水害（H15.7.19）
- 九頭竜川支川足羽（あすわ）川が越水破堤し，福井市内が浸水した福井水害（H16.7.18）

などがある。長野県以外の水害は梅雨末期の集中豪雨による水害である。

　梅雨前線に似た現象に秋雨前線（秋霖）があり，何れも前線が停滞するが，秋雨前線は台風の影響が強く表れる点が梅雨前線と大きく異なっている。また，初期に強い雨が降るが，インドモンスーンから供給される水蒸気が少ないため，梅雨前線ほど勢力は強くならない。

◎参考文献

1) 小倉義光：お天気の科学－気象災害から身を守るために－，森北出版（1996）

2.2 台風災害に備える

　台風の上陸時期は 4 〜 11 月と幅広いが，約 7 割が 8 〜 9 月に集中している。台風に伴う豪雨は広範囲に被害を及ぼす大災害となる場合がある。20 世紀以降で死者・行方不明者数が 1 000 人以上の水害は 9 回発生しているが，そのうち 7 回は台風による水害である。台風は局所的集中豪雨とは異なり，積乱雲の集合体が熱帯低気圧となり，発達して台風となる。台風では水蒸気が水滴になる際に発生する潜熱が膨大なため，著しい上昇気流を発生させ，大量の水蒸気が供給される。そのため，豪雨が長期にわたって発生する。台風の基本的な進路は海水温が 26 〜 27 度以上（8 割が 28 度以上）の北太平洋上で発生し，太平洋高気圧の縁に沿うように，貿易風により北西方向に進んだ後，転向して偏西風により北東方向に進む。台風進路の予報精度は年々向上しており，24 時間進路予報で平成 7 年に約 200km であったが，10 年後にはその約半分となった。その結果，平成 21 年からは 4，5 日先まで予報円が出されるようになった。暴風警戒域は従前通り 3 日先までの予報が行われている。

　台風の主要な特性を示せば，以下の通りである。
- 年間発生数は約 27 個で，うち約 3 個が日本に上陸。平成 16 年には最多 10

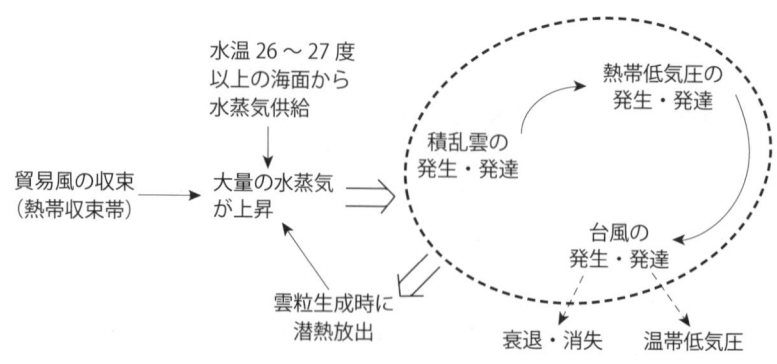

図-2.1　台風に伴う豪雨の発生プロセス

2.2 台風災害に備える

個が上陸した
- 台風の暴風域[*1]は広くて300～400kmあるが，通常は200～300kmが多い
- 日本近海における台風の移動速度は300～900km/日である

　台風で注意しなければならないのは，台風の目に着目して，それ以前の対応がおろそかになることである。確かに気圧，風速，高潮などは台風の中心ほど顕著である。しかし，降雨はスパイラルバンドと言われる，台風の目から数百kmも離れた所に前期性降雨があり，そうした降雨群が波状攻撃的に襲ってくることに注意する必要がある。また，台風では高潮にも注意が必要で，伊勢湾台風では最低気圧929hPa（潮岬）を記録し，天文潮を除いて3.45mの最大偏差となった。その結果，伊勢湾の貯木場にあった木材が高潮に運ばれて家屋を破壊し，破壊された家屋が流木化して，さらに被害を助長した。伊勢湾台風による死者・行方不明者数5 098人は戦後最多で，その約9割が高潮の犠牲であったと言われている。なお，高潮では吸い上げ（1hPaの気圧低下により海水位約1cm上昇）と吹き寄せ（風速の2乗に比例して海水位が上昇）の影響により海水位が上昇する。主要な台風の最低気圧，最大風速は以下の通りである。なお通常言われる風速は10分間の平均風速で，瞬間最大風速はこの約1.5倍に相当する。

　台風には雨台風と，風台風がある。雨台風では広い範囲で洪水氾濫や土砂災害が発生する。台風の上陸に伴って，全国で100億トン規模の降雨がもたらされ，とくに昭和51年9月の台風17号では834億トンの大量の降雨となった（200億トン以上が雨台風の目安である）。この降雨に伴う洪水により，長良川の安八地

表-2.2 主要台風の最低気圧，最大風速

台風名	年月	最低気圧	最大風速
室戸台風	S9.9	912hPa	—
枕崎台風	S20.9	916hPa	40m/s
洞爺丸台風	S29.9	—	36m/s
伊勢湾台風	S34.9	929hPa	45m/s

＊　上陸台風の最低気圧では室戸台風が第1位，枕崎台風が第2位である

[*1] 風速25m/s以上の暴風域に対して，風速15m/s以上の範囲は強風域と呼ばれ，強風域の範囲が500～800kmで大型台風，800km以上で超大型台風と呼ばれる

第2章 豪雨と洪水を知る

[上から見た台風]

内側降雨帯
外側降雨帯
下層の風
上層の風
台風の目
目の壁雲（積乱雲）

台風の東側で強い風が吹く

[横から見た台風]

（m）
10 000
5 000

上昇気流
下降気流
湿った強風

400　200　0　200　400km

台風の構造

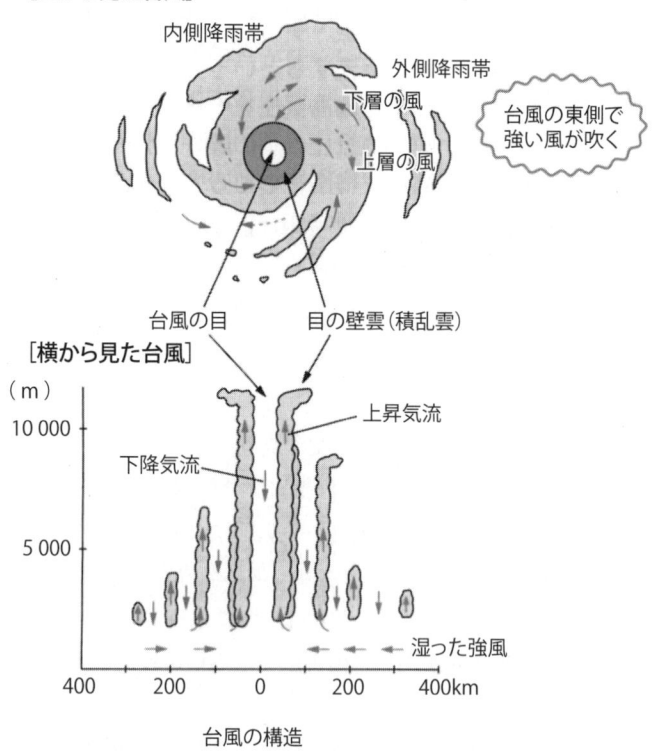

図-2.2　台風の構造図
台風の目の周りには飛行機の高度に相当する積乱雲の壁雲が形成される。この上昇気流に伴う雲域は目から離れた場所にも形成され，早い段階から降雨（前期性降雨）をもたらす場合がある

区で浸透破堤が発生し，この水害に対して提訴された。台風による降雨は災害をもたらす反面，稲作などにとってはなくてはならない水資源となっている。また風台風では，台風の中心に反時計回りに吹き込む風と，台風を北へ押し上げる南風があわさって，とくに東側（危険半円）で猛烈な風速となり，風による家屋被害も多い。平成3年9月の台風19号では九州北部を中心に強風に伴う風倒木災害が発生し，約3.8万棟の被災により，損害保険の支払い額は当時世界最高の5 700億円を記録した。

- 雨台風：カスリーン台風（S22.9），台風17号（S51.9），台風19号（H2.9）など
- 風台風：洞爺丸台風（S29.9），台風19号（H3.9），台風18号（H16.9）など

台風災害では，これまで多くの水害が発生した特異日がある。例えば，

- 9/16：カスリーン台風（S22），アイオン台風（S23），第二室戸台風（S36）など
- 9/26：台風13号（S28），洞爺丸台風（S29），狩野川台風（S33），伊勢湾台風（S34），台風19号（H3）など

があり，こうした期間は台風災害に要注意である。

「台風は温帯低気圧に変わった」と天気予報で予報されることがある。そうすると，多くの人が台風の勢力が弱くなり，もう安全であると思うが，実はそうではなく，構造が変化しただけである[*2]。温帯低気圧に変わるとは，寒気が台風に侵入して台風が円対称性を失い，強雨域が台風（温帯低気圧）前面に形成されることを言い，勢力が衰えたわけではない。また，中心から離れた場所でも非常に強い風が吹く場合がある。温帯低気圧に変わった後に水害が発生した事例として，小貝川水害（S61.8）などがある。例えば，小貝川水害では8月4日の21時に温帯低気圧に変わった後も大雨が続き，8月5日の13時半に茨城県明野町赤浜で，8月6日の9時58分に石下町本豊田で破堤災害が発生した。また，平成16年9月の台風18号は山口，広島，北海道などに暴風被害などをもたらし，死者・行方不明者は45名に及んだ。この時は台風が温帯低気圧に変わりながら，再発達していった。

[*2] 台風が熱帯低気圧に変わった時は勢力が衰えた時である

◎参考文献

1) 末次忠司：これからの都市水害対応ハンドブック，山海堂（2007）
2) 宮沢清治：大雨台風17号をかえりみて，天気，20巻（1976）
3) 倉嶋厚：おもしろ気象学　秋・冬編，朝日新聞社（1986）

2.3 小河川ほど要注意の洪水流出

　兵庫県佐用町では平成21年8月に20名が水害の犠牲となり，そのうち12名は避難途中の犠牲であった。佐用川支川幕山川の氾濫では，避難途中の6名が氾濫流により農業用水路に流されて，死亡するといういたましい災害が発生した。この災害には，①地形特性と氾濫，②河川情報の発信の仕方という2つの要因があった。①では被災箇所で複数の氾濫流が合流し，かつ（写真の中心上の）緩やかな逆三角形の地形が流れを集中させたことが原因の一因である。②に関して，佐用町は町内の主要河川である佐用川の水位情報を伝え，水位等に基づく避難勧告を発令したが，対象地域は佐用町中心部であった。幕山川に関しては十分な情報を発信しておらず，佐用川が危険な状況になる前に幕山川はすでに氾濫していた。

　一般に小河川ほど流域面積が狭く，流路延長が短いため，洪水の流出が速い（降

写真-2.2　幕山川氾濫により犠牲者が出た場所
写真右側の幕山団地から避難してきた人たちが氾濫流に流され，手前の農業用水路（当時はフェンスなし）内を左方向へ流されていった

2.3 小河川ほど要注意の洪水流出

雨ピーク～洪水ピークの時間が短い）ので，情報も速く発信される必要がある。しかし，現時点では主要河川についてのみ情報が出されているのが現状である。こうした河川規模の大小に応じた情報伝達を「階層的情報提供」と呼び，小河川に関する情報発信も中河川並みに行うべきであると考えている。例えば，図-2.3のような河川流域では流路延長（流域面積）に応じて，洪水流出が段階的（階層的）に進み，最終的に本川へと流出してくる。この状況を過去の洪水データを用いて整理することが重要で，洪水流出特性を把握することにつながるし，洪水時の対応に有効となる。このように，各自治体の地域防災計画では，地域の河川の洪水流出の実情にあった「階層的情報提供」について検討すべきである。なお，情報発信が難しい場合は，後述する各河川の洪水位上昇速度を想定しておいて，予測された越水開始までの時間内での対応を検討しておく。

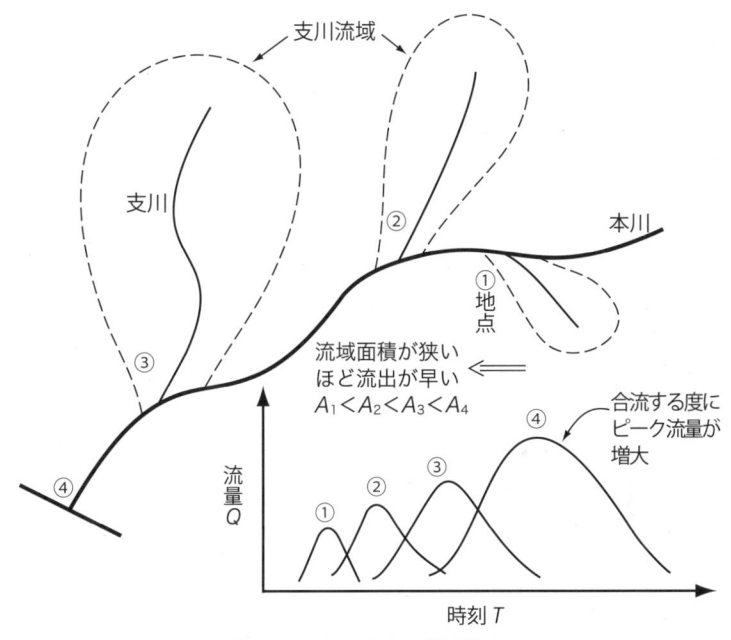

図-2.3 各河川からの洪水流出

2.4 洪水の特徴を知る

前記した以外の河川の洪水特性を河川規模に分けて整理すると，以下の通りである。

＜大河川の場合＞

洪水波の伝播速度は水の流速の 1.5 ～ 1.7 倍である（クライツ・セドンの法則）。また，河川は下流へいくほど，河床勾配が緩くなり，川幅が広くなるので，洪水ハイドログラフは扁平に変形するし，支川流量を合流してピーク流量が増える。すなわち，下流ほど大きな流量が長く続く傾向があり，浸透災害などへの対応が必要となる。氾濫を除いて，最大の洪水流量は昭和 34 年 9 月に新宮川（相賀地点）で観測された 19 000m^3/s である。洪水流量は流域面積が広くなるほど多くなる傾向があるので，流量を流域面積で割った「比流量」で表す場合がある。最大洪水流量に対する比流量で見ると，本明川がもっとも多いが，櫛田川，那賀川，宮川などのような中央構造線の外帯（構造線より太平洋側）に属する河川の比流量が大きい傾向がある。すなわち，外帯河川では流域面積の割に流量が多い。なお，参考までに計画高水流量のランキングを見ると表-2.4 の通りで，新宮川に次いで，吉野川，富士川の計画高水流量が多い。

大河川の洪水は一気に出てくるのではなく，河道内に貯留されながら流下してくる場合がある。河道内の洪水貯留量は

- 河道が大きく湾曲している
- 広い高水敷を有している

表-2.3　比流量ランキング

	比流量	河川名	地点名	最大流量（発生年月）
1位	20.2m^3/s/km^2	本明川	裏山地点	← 722m^3/s（S37.7）
2位	12.6	狩野川	大仁地点	← 4 069m^3/s（S33.9）
3位	12.3	櫛田川	両郡橋地点	← 4 800m^3/s（S34.9）

2.4 洪水の特徴を知る

表-2.4 計画高水流量ランキング

	計画高水流量	河川名	地点名
1位	19 000m³/s	新宮川	相賀地点
2位	18 000m³/s	吉野川	岩津地点
3位	16 600m³/s	富士川	北松野地点

- 高水敷上などに樹木が繁茂している

場合に大きな値となる。河道内貯留された結果，下流への洪水流出が抑えられ，下流部にとっては治水安全度が高まる。利根川支川の鬼怒川[*1]や岩木川などで顕著である。河道の途中区間に狭窄部がある場合も，下流への洪水流量が抑制されている。狭窄部には兎の瀬（釜無川・笛吹川合流点下流），布川（利根川76～77k），立ヶ花（千曲川40～52k），鵜の首（矢作川37k），愛本（黒部川13k），岩倉峡（木津川57k），岩津（吉野川40k），永山（川内川91～93k）などがあり，山間地の狭窄部と平野部の狭窄部がある。狭窄部では，中小洪水時の水面勾配は河床勾配とそれほど変わらないが，大洪水時は狭窄部で洪水が堰とめられ，狭窄部上流の水面勾配は平坦に近くなる。すなわち，狭窄区間の水面勾配（洪水流速）が非常に大きくなる。

また，洪水波形を見ると，台風は何回かにわたって豪雨となるため，2山，3山洪水となる場合がある。昭和51年9月の台風17号では4山（水位の高い洪水で3山）洪水となり，ほぼ4日間に及ぶ洪水となった。そして，最後の洪水ピーク発生後に破堤災害が発生した。しかし，一般的には洪水継続時間が1～2日の1山洪水が多く，海外河川と比べると洪水時間は短いのが特徴である。

＜中小河川の場合＞

神戸の都賀川（H20.7）では約2分間で1m水位上昇する段波が発生して，河川内にいた5名（うち3名は小学生以下）が犠牲となった。段波が発生したのは，
- 都賀川の河床は1/35～1/20と急勾配であった
- 流域の都市化により雨水が一気に流出した
- 雨水幹線を通じて集中的に雨水が河川に集まった

[*1] 河道途中の堰などの影響もある

第2章 豪雨と洪水を知る

ことによるものである。この事例のような段波は発生しなくても，流域の都市化が進行すると，ピーク流量が増大するとともに，ピーク雨量～ピーク流量までの時間が短くなる（雨水流出が速くなる）。例えば，横浜の鶴見川では都市化が10％（1958）→ 60％（1975）→ 80％（1990）と進行するにつれて，ピーク流量（末吉橋地点）が 600m³/s → 1 000m³/s → 1 400m³/s と増大し，降雨ピーク～洪水ピークが 10 時間（S40 年代はじめ）から 2 時間（S50 年代はじめ）へと短くなった。こうした都市河川では通常の河川改修だけで災害を防ぐことは困難な場合が多く，貯留・浸透施設などによる流域対応（後述）を行う必要がある[*2]。

＜共通事項＞

水防活動や避難活動などの災害対応を考える場合にもっとも重要となる河川の洪水特性は洪水位の上昇である。とくに中小河川では越水災害が多く，洪水位上昇速度は速いので，注意を要する。全国の河川の洪水位上昇速度を流域面積との関係で見たものが図-2.4 に示す「洪水位上昇速度図」で，上昇速度の最大値は

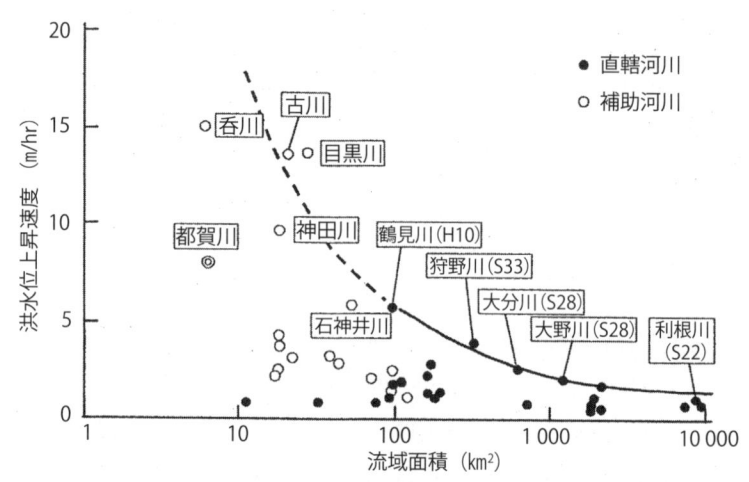

図-2.4 洪水位上昇速度図
最大上昇速度は流域面積と相関が高い。図中の都賀川データはプロットミスで，データを精査すると約 30m/h にもなり，やはり最大値の包絡線上に位置する

[*2] 通常の河川改修で施設対応するとすれば，発生が予想される短時間の豪雨災害に対応するための過大な施設建設が必要となり，経済的に好ましくない計画となる

2.4 洪水の特徴を知る

一定曲線で包絡される。直轄河川のような大河川では上昇速度は速くて3～4m/h程度であるが，補助河川（中小河川）では10m/h以上も上昇する場合がある。中小の都市河川では10分ごとの観測値があり，例えば2m/10分を時間あたりに換算して12m/hとしている。各自治体担当者は管理河川の上昇速度を観測し，この図中に記入して更に充実したグラフにして頂きたい。なお，後述するように，この上昇速度は避難勧告・指示を発令する基準値（水位）を設定する場合のパラメータともなる。

◎参考文献
1) 末次忠司：河川技術ハンドブック，鹿島出版会（2010）
2) 末次忠司・高木康行：都市河川の急激な水位上昇への対応策，水利科学，No.307（2009）

2.5 都市河川に流域対応

　洪水のハード対策としては，堤防やダムなどの治水施設の整備を行う。しかし，前節で示したように，都市河川では洪水流出が速い（大きな流量は短時間で終わる）ため，通常の河川改修では治水経済的に非効率な場合があり，都市化に伴う流出を抑制して，ピーク流量を抑える，または流出を遅らせることが効果的となる。

　そこで，河道外での流域対応が有効となる。この流域対応は流域治水や総合治水とも呼ばれ，基本的には貯留施設や浸透施設を設置して，流出抑制を図るものが多い。都市域では下水道が雨水処理に大きな役割を果たすので，雨水処理計画において河道分担，下水道・調節池分担，流域分担を考慮した計画を策定するものとする。

　総合治水は元々昭和54年に都市河川を対象に事業化された「総合治水対策特定河川事業」の略称で，昭和54年に9河川が指定された。現在は17河川が対象となっている。総合治水は鶴見川など関東地方では対策が進んでいるが，近畿地方（寝屋川など）や中部地方（新川・境川など）では進捗率が低い。進捗が進んでいない理由は

- 総合治水の法的整備がなされず，要綱行政となった
- 関係組織の縦割りが障害となった
- 私権制限（土地利用規制など）

などが隘路となったため，十分な進展を見ないまま，その基本的な考え方は特定都市河川浸水被害対策法（H15）などに受け継がれた。

　代表的な貯留・浸透施設は以下の通りで，貯留施設はニュータウン以外では公共施設に多い。舗装には3種類あり，浸透層は異なるが混同しやすい。また，都市域では利用スペースが狭いため，多目的利用（例えばテニスコート下に調節池を建設）についても検討する。防災調節池を除いて，それぞれの施設の貯留・浸透能力はそれほど大きくないので，設置数で能力をカバーする。そのためには自

2.5 都市河川に流域対応

治体からの補助が有効となる。

＜貯留施設＞

- 防災調節（整）池：ニュータウン開発に対して，流末に設置する流出抑制のための調節池で，恒久的な施設を防災調節池，暫定的な施設を防災調整池と言う。防災調節池は降雨確率1/50，防災調整池は1/30～1/50対応で設計されることが多い
- 公園貯留：公園の平場を低くして貯留する。利用者が危なくならないように，ある程度以上の貯留水はオリフィスを通じて排水する
- 棟間貯留：集合団地の棟間を掘り下げ，30cm程度を上限とする貯留を行う。下に砕石層を設けて浸透させている場合もある
- 校庭貯留：学校の校庭の周囲を嵩上げするなどして，雨水を一時的に貯留する。子供が危険とならない水深以下とする必要がある
- 駐車場貯留：周囲に比べて駐車場高を低くし，10cm程度を上限とする貯留を行う
- 下水貯留：一部区間の下水（雨水）管の直径を大きくして，流下してきた雨水を一時的に貯留する。下水管のルートを遠回しにして排水先への流出を抑制する場合もある

写真-2.3　公園貯留の例（青森県弘前市の長四郎公園）
周囲より掘り下げられた公園に雨水が貯留され，一定以上貯まるとオリフィスを通じて放流される

第2章 豪雨と洪水を知る

＜浸透施設＞

- 浸透マス，トレンチ：公共施設や一般家屋の屋根に降った雨水を雨樋を通じて浸透施設に導き，砂利層を通じて地中へ浸透させるものである。円柱タイプを浸透マス，管路タイプを浸透トレンチと言う。例えば，浸透マスは直径 40〜50cm で，深さ 50〜100cm のポーラスコンクリートの周辺に砂利を敷いて，底面または底面と側面から浸透させる
- 透水性舗装：表層や基層に粗いアスファルトを用いて透水性を持たせ，地中に浸透させる施設で，主に歩道や駐車場に用いられる
- 排水性舗装：表層に粗いアスファルトを用いて透水性を持たせるが，基層は不透水層でここで水は遮断され，道路両側の側溝に排水する施設で，車道に用いられる
- 保水性舗装：表層に保水性舗装材を用いて雨水を吸水し，余分な水は基層を通じて地中へ浸透させる。表層からの水の蒸発により温度を下げ，都市域のヒートアイランド現象対策となる。透水性舗装と同様に歩道や駐車場に用いられる

　定常時の浸透能力は地質，地下水の高さなどによるが，浸透マスが 100〜1 000L/h，浸透トレンチが 100〜1 000L/h/m 程度である。浸透能力は段丘や火山灰台地の地形で高く，礫やロームの地質で高い。葉っぱやゴミなどで目詰まりしないように，マス底部に引上げ式の金網を設置しておくと良い。施設の普及の

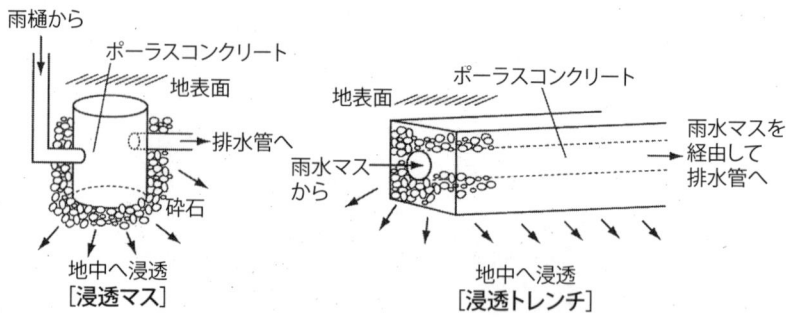

図-2.5　浸透マス・トレンチ
浸透マスは各戸の住宅に，浸透トレンチは公共施設などに設置されている。浸透能力は施設形状の他，水深，地下水位，地形・地質の影響を受ける

2.5 都市河川に流域対応

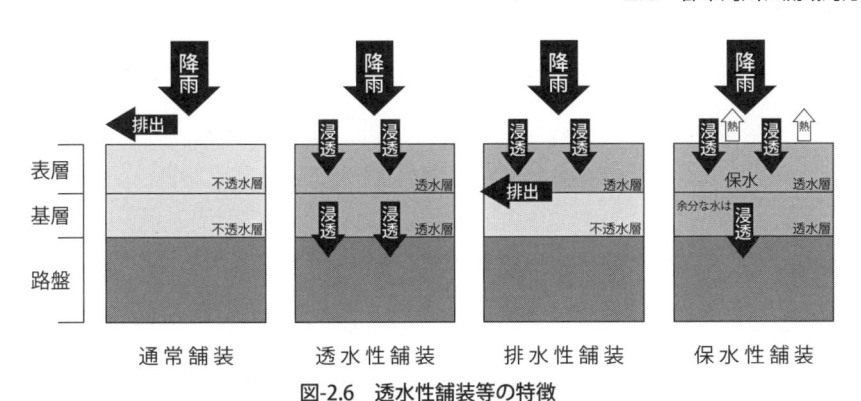

図-2.6 透水性舗装等の特徴

ために，施設設置に対して，資金補助を行っている自治体も多い。例えば，大田区・調布市・三鷹市のように全額補助したり，東京都・品川区・杉並区・多摩市では最高40万円/件，練馬区・青梅市・市川市・郡山市では最高20万円/件の補助を行っている（地域，対象施設，基数に関して条件がある）。これらの補助制度等により，施設整備が進んでいる地域では貯留量に換算して

- 集合住宅等…………松戸市で約5万m^3（主として貯留）

  練馬区で約3万m^3（トレンチ，舗装）
- 公共・公益施設……横浜市で約4万m^3（貯留）

  所沢市で約1万m^3（トレンチ）

に相当する浸透・貯留施設が設置されている。また，千葉県市川市では建物の建て替え時に浸透施設を設置することを義務付けている。

◎参考文献

1) 末次忠司：都市・人，そして川(4) －流域の視点から見た川－，雨水技術資料，Vol.32（1999）
2) 末次忠司：河川の減災マニュアル，技報堂出版（2009）

第3章
情報と危機回避

3.1 【住】役立つ情報源

　住民は前記したような雨量，水位に関する情報をどのように入手すればよいのだろうか。テレビなどのマスメディアがもっとも身近な情報源であろう。パソコンのインターネットでも入手可能である。ただし，いずれも停電になると機能しなくなるので，ラジオも携帯しておくべきである。住民が受ける切迫性からすると，テレビやラジオが一般的な広報であるのに対して，防災行政無線などは個別的な広報で信頼性が高い。最近では登録しておくと市町村からメールに情報を送信してくれる以下のようなサービスもあるので，利用してほしい。

- 大阪府　大阪防災ネット
- 広島県　防災情報メールサービス
- 名古屋市消防局　きずなネット防災情報

　このメールサービスは都道府県や市町村だけでなく，国交省でも採用しており，例えば京浜河川事務所では雨量・水位・浸水[*1]情報を事務所経由で，登録した人にホームページやメールで知らせる「河川浸水情報配信サービス」を行っている。各メディアの概要および特徴を示すと，**表-3.1**の通りである。

　屋外にいると災害情報を入手しにくいが，携帯電話以外でもコンビニや自動販売機などを活用して入手できる場合がある。国土交通省出雲河川国道事務所では，コンビニを活用して，洪水時の地域情報を店や利用客との連携で通報してもらうこととしている。また，自動販売機のなかには防災機能を持たせた「災害対応型自動販売機」が設置されている地域もある。これは自動販売機の電光掲示板に災害情報が流れたり，自治体より発信された電波を無線通信モジュールで受けて，災害時に飲み物を無料で提供できるという機能を有している。

---

*1　JR新横浜駅周辺や鶴見地区に浸水計（マイクロ波式またはマイクロ波式＋圧力式）を配置していて，浸水計の浸水位情報を入手できる

3.1 【住】役立つ情報源

表-3.1 水文・災害情報の入手先とその概要

メディア	概要および特徴
テレビ	降雨・洪水・浸水情報を入手できる。とくに臨場感のある洪水状況を見ることができる。地上デジタル放送で、雨量・水位・災害情報を配信するサービスもある。CATVでは地元に密着した情報が得られる
ラジオ	停電でも活躍するし、ダイナモ（発電機）つきなら充電でき、電池切れの心配もない。ローカル局ではテレビより地元密着の情報が得られる。また、コミュニティFMやミニFMは更にローカルな情報提供を行っている
ホームページ	国土交通省河川局の「川の防災情報」では全国の雨量、レーダー画像、河川水位を知ることができる。NHKのホームページからも情報を入手できる。両者とも携帯電話からもアクセスできる。気象庁のホームページもある
インターネット（ホームページ以外）	パソコンや携帯電話の普及に伴って、ブログやツイッターなどによる書き込みが増えてきている。こうした情報は素早く、具体的な情報が入手できる一方で、雑多な情報が氾濫し、情報不足の場合はデマを引き起こす場合がある
携帯電話	ホームページと同様、全国の雨量、レーダー画像、河川水位を知ることができる。また、市町村によっては登録しておくと、メールで情報を送信してくれる。また、NTTドコモによるエリアメールは災害時の避難情報を携帯電話に一斉配信する有効な緊急速報サービスで、H23.7より利用料金が無料となった
防災行政無線	市町村は主に防災行政無線や広報車により住民への情報伝達を行っている。ただし、同報無線（スピーカータイプ）は聞き取りにくい。戸別受信機を通じた伝達が確実であるが、高価でまだ十分普及していない
広報車	広報車は市町村職員による直接的な情報伝達で個別的で切迫感があるが、浸水や渋滞等により広報車が来るまでに時間を要する場合がある
町内会長等	町内会長・民生委員や自主防災組織の役員からの情報もある。町内会長等には無線が貸与され、行政機関から情報が伝達されている場合がある
口コミ	親戚や近所の人の口コミ情報も重要となる場合がある。ただし、曖昧な情報はデマとなって誤った避難活動等を引き起こす場合がある

* ホームページのURL：川の防災情報（http://www.river.go.jp）、NHK（http://www.nhk.or.jp）、気象庁（http://www.jma.go.jp）

◎参考文献

1) 末次忠司：河川の減災マニュアル、技報堂出版（2009）
2) 末次忠司・菊森佳幹・福留康智：実効的な減災対策に関する研究報告書、河川研究室資料（2006）

3.2 【住】これらの情報に注意する

　大雨の発生が予測されると，大雨注意報や洪水注意報が発令される（発令数では雷注意報が非常に多い）。さらに，降雨強度が大きくなると，大雨警報や洪水警報が発令される。これらの警報が発令された場合，小規模の場合もあるが，どこかで水害（内水も含めて）が発生する可能性が高いので，避難等の警戒を考える必要がある。さらに大きな豪雨に対しては，記録的短時間大雨情報が発表される。この情報は長崎水害（S57.7）および山陰豪雨（S58.7）を教訓に昭和59年より発表され始めた情報で，レーダー・アメダス解析雨量に基づいて，予報区域内の最大時間雨量相当を超えると発表される。したがって，この情報が発表されると，大きな水害の発生がかなり現実味を帯びてくる。

　大雨警報，記録的短時間大雨情報の発令・発表状況は以下の通りであり，とくに大雨警報は頻繁に発令されていることがわかる。実際の浸水発生状況と雨量の関係で見ると，浸水の発生は総雨量よりも時間雨量と関係が強く，浸水棟数が1万棟以上の大きな水害は70mm/h以上（記録的短時間大雨情報の雨量相当）で発生している。また，浸水棟数が5 000棟以上の中規模水害は40mm/h以上（大雨警報の発令雨量相当）で発生しており，これらの降雨量が被害発生の一つの目安になると言える。参考までに，近年発生した代表的な水害の雨量データもあわせて示した。

- 大雨警報の発令雨量は地域により異なるが，おおむね40〜50mm/h[*1]で，年間350〜700回発令されている。洪水警報の発令数もほぼ同数である
- 記録的短時間大雨情報はおおむね70〜100mm/hで発表され，年間20〜70回発表されている

次に時間雨量に対する浸水・災害の状況を見てみる。時間雨量に対して，浸水

---

　*1　正確には大雨警報は時間雨量，3時間雨量・24時間雨量（総雨量の条件もある）に対して発令される。例えば東京23区の場合，それぞれ50mm，80mm，150mm以上が発令基準雨量である

3.2 【住】これらの情報に注意する

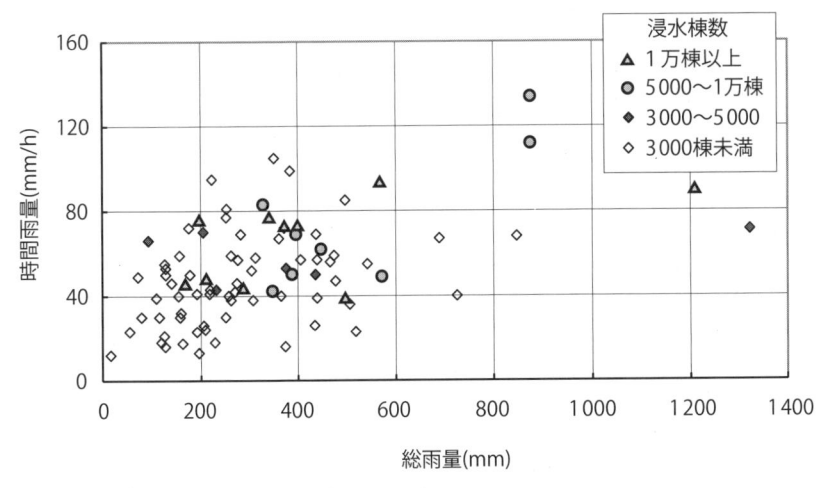

図-3.1　総雨量・時間雨量と浸水棟数との関係
浸水棟数が5 000棟以上のデータを見ると，時間雨量が40mm以上で発生しはじめ，とくに70mm以上で多く，これらの値が水害発生の目安となる

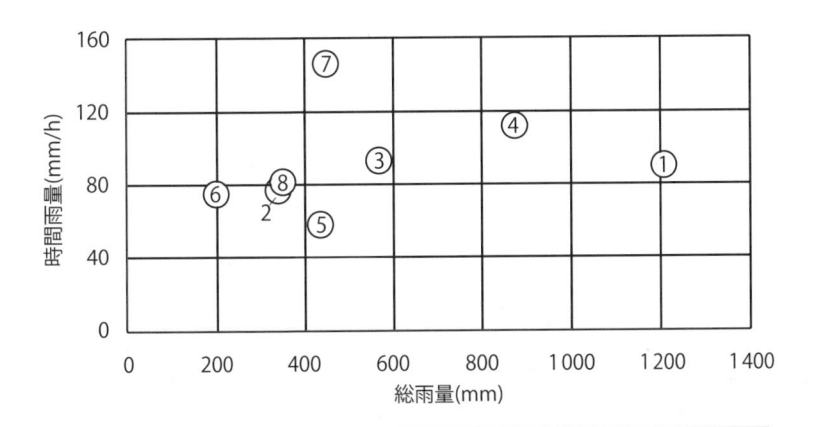

① 平成10年8月末豪雨(H10.8)栃木・那須
② 福岡水害(H11.6)福岡
③ 東海豪雨(H12.9)名古屋
④ 高知県南西部豪雨(H13.9)高知
⑤ 新潟・福島豪雨(H16.7)新潟
⑥ 福井水害(H16.7)
⑦ 伊賀川(H20.8)岡崎
⑧ 兵庫県佐用町(H21.8)佐用

図-3.2　代表的な水害の雨量
総雨量が多い場合に水害が発生するというより，時間雨量が70mm以上で発生している

第3章 情報と危機回避

などの状況を示すと，表-3.2のようになる。時間雨量が30mmを超えると，下水があふれたり，道路が川のようになる。また，50mmを超えるとマンホールからの水の噴出や地下水害が発生する。最大時間雨量は長崎水害（S57.7）で記録された187mmである。なお，表にはあわせて大雨警報や記録的短時間大雨情報の基準雨量も記入した。

表-3.2 時間雨量と浸水などの状況

雨の通称	雨の強さ（mm/h）	浸水・災害などの状況	
小雨	1未満	地面がかすかに湿る	
弱い雨	1～3未満	地面がすっかり湿る	
雨	3～10未満	水たまりができる	
やや強い雨	10～20未満	雨の降る音で話し声が聞き取れない	
強い雨	20～30未満	土砂降り。側溝や小さな川があふれる。ワイパーを速くしても前が見にくい	
激しい雨	30～50未満	下水管から下水があふれる。道路が川のようになる	大雨警報
非常に激しい雨	50～80未満	マンホールから水が噴出する。地下施設に雨水が流れこむ	記録的短時間大雨情報
猛烈な雨	80以上	息苦しくなるような圧迫感があり，恐怖を感じる	

◎参考文献

1) 末次忠司：河川技術ハンドブック，鹿島出版会（2010）
2) 気象庁 編：平成12年度版 今日の気象業務，大蔵省印刷局（2000）

3.3 こうなったら危機的状況

洪水災害は進行性災害のため，どういう状況になったら危機的状況かがわかりにくい場合がある。豪雨時には「状況はまだよくわからないが，何か危機的な様子が伺える」場合に行動を開始するのが危機回避の鉄則であるので，危機的状況の予兆を知っておく必要がある。十分な情報がなくても，洪水の予兆としては，大雨・洪水警報（40〜50mm/h）も1つの目安であるが，記録的短時間大雨情報（70〜100mm/h：前述）が重要な判断情報となる。現地で雨量がわからなくても，上記した浸水・災害状況より，雨量を推測することは可能である。

一方，洪水（の上昇速度）に関しては大河川で3m/h以上，中小河川で2m/10分以上が一つの目安となる。洪水位では堤防天端から1〜2m以内に上昇してくると，越水の危険性があるし，この洪水が長時間続くと浸透災害の危険性も出てくる。また，氾濫に関しては地盤勾配が大きくないのに氾濫流速が速かったり，浸水の上昇が速い場合（10cm/10分以上）が，要注意の基準と考えられる。しかし，これらはあくまでも目安なので，実際は安全側で事態を見ておくべきである。

河川やキャンプなどの現地においては，豪雨や洪水などの予兆はどう判断できるだろうか。屋外において

- 山に雨雲がかかったり，降雨により山が見えなくなる
- ラジオにノイズが入る（雷雲の発生）
- 急に風が強くなったり，空色が黒くなる（突風の発生，雷雲の接近）
- 川の水が濁ってくる
- 木の枝が流れてくる

などの様子が伺えると，豪雨や洪水が発生しやすい。しかし，例えば屋外におけるレジャー中などは気持ちが緩んでいて，状況を冷静に判断することは難しい。水難事故に伴う死者・行方不明者の行動形態を見ても，約半数が魚とりや水遊び・水泳中であり，現地における犠牲者を少なくするには，レジャー中であって

第3章　情報と危機回避

とくに上流の気象変化に注意する

テントは河原より一段高い所に設営する

砂防ダムや床止めがあれば土砂の流れが多いことを意味する

水かさが増してきたことが分かるように，鈴を付けた木の棒を立てる

木の枝などが一直線に並んでいる場合，最近そこまで水が来たことを表す

河原の石ころが大きいほど，洪水時の水の流れが激しい

図-3.3　キャンプ場で水害にあわないための心得

3.3 こうなったら危機的状況

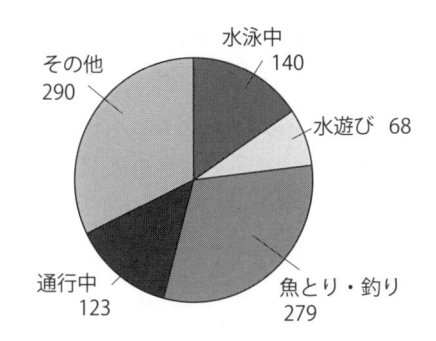

図-3.4 水難事故時の行動（H12〜21）
魚とり・釣りがもっとも多く，次いで水泳中，通行中（含 避難中）
などが多い。その他には作業中が多く含まれている

も勇気を持って危機意識を持つことが必要である。平成11年8月の酒匂川支川玄倉（くろくら）川において，県や警察が再三キャンパーに避難を呼びかけたのに対して，応じなかったために，13名が死亡するキャンパー事故が発生したことが，その難しさを象徴している。

このように，一般の人が危機的状況と判断しない理由は人間の心理に基づくものもある。人間の心理では，異常な出来事を異常でないと言い聞かせる「正常化の偏見（normalcy bias）」が作用し，「災害は発生しない」，「自分は大丈夫」といった自分に都合の良い考えに変えてしまうからである。水害経験のある人が「以前の水害では水はすぐひいたので大丈夫」といった安心感を持つのも，経験に基づく誤った判断である。

災害対応にとって障害となるバイアスには，他に
- 集団同調性バイアス：大勢でいると，危機的状況に対して行動を起こさなくても大丈夫と感じてしまう。この考えにより後手後手の対応となってしまう
- 認知バイアス：災害に遭遇しても，その事実を受け入れ難く，第三者や客観的媒体により状況を確認して初めて認知することができる

などがある。とくに都市生活者にとっては，快適な生活空間に囲まれ，自然の恐ろしさとは無縁の生活をしているため，災害の認知が遅れる傾向が強い。

こうした日本人の危機意識の欠如は，古来からの国民性によるものも大きい。太古における生活状況を見ると，大陸における危険と隣り合わせの狩猟生活と異

第3章　情報と危機回避

なり，日本では安定した稲作農業に基づいた生活を営んでいた．また，戦後で見ても憲法に基づく平和主義にどっぷり漬かった「平和ボケ」とも言える日常があり，安全・安心を前提とした生活を送るのが当たり前であった．言い換えれば，危機は起こらないもの，また危機を考えること自体がタブー視されていたと言っても言い過ぎではなかった．

　一方，行政的に見て，市町村が危機的状況であると判断しても，避難勧告・指示を出しにくいのは，空振りを恐れるからである．すなわち，避難勧告・指示を出したのに，災害が発生しなかった場合，混乱を引き起こした責任が問われる場合があるからである．しかし，

- 田代の研究によれば，「必ずしもあたらなくても避難勧告・指示を出した方が良い」に賛成または近い回答が88%と多かった（サンプル数231名）
- 平成16年7月の福井水害後に実施されたアンケート調査でも，92%の人が「たとえ空振りになっても，避難勧告を早く出してほしい」と回答していた（サンプル数402名）

などの報告があり，空振りを恐れて避難勧告・指示の発令を躊躇する必要はないと言える．

◎参考文献

1) 末次忠司，高木康行：都市河川の急激な水位上昇への対応策，水利科学，No.307（2009）
2) 山村武彦：人は皆「自分だけは死なない」と思っている，宝島社（2005）
3) 田代敬大：竹田市における被災状況と住民意識，「1990年7月九州北部豪雨による災害の調査研究」（1991）
4) 災害応急対策制度研究会：災害時の情報伝達・避難支援のポイント，ぎょうせい（2005）
5) 末次忠司：これからの都市水害対応ハンドブック，山海堂（2007）

3.4 危機回避のためのシナリオ

　危機的な状況を組織的かつ迅速に回避するにはあらかじめ対応シナリオを作成しておく必要がある。シナリオではマニュアルとは異なり，時間・被災レベルに応じた体制・役割分担を明らかにするとともに，活動組織および活動内容などを明示することが重要である。そして，表-3.3のように被災がどの範囲まで及んだ（または及びそうな）段階で，誰が責任を持ってどういう行動をとるかについて，明らかにしなければならない。シナリオ作成の前提として，厳しい条件（参集できる職員が少ない，建物の被災など）を想定しておくべきであるし，災害規模に応じたシナリオ設定を考えておく。その際，連携をとる自治体名を記入しておく。連携の状況を見ると，都道府県レベルでは阪神・淡路大震災（H7.1）以後，既存協定の広域化が図られ，関東1都9県や近畿2府7県などのように，全国が連携網でカバーされている。また，市町村レベルの連携は平成22年4月現在1 750市町村のうち，1 571市町村が救命活動や復興支援などに関する連携協定を締結している。現在は1自治体同士の協定が多いが，今後は複数自治体による協定締結が望ましい。

　東日本大震災（H23.3）で明らかなように，被災規模が大きくなると，市町村や都道府県の行政組織そのものが十分機能しなくなる。したがって，機能が低下した時の対応をあらかじめ想定しておかなければならない。考えられる機能低下に対して，想定される対応は以下の通りである。こうした対応策は具体的な建物名称等を含めて地域防災計画に記載しておく。

- 職員が召集できない → 召集できた職員で業務を分担することを基本とするが，（被災しなかった）役所OBや防災エキスパートに応援を仰いで，水防災体制を維持する
- 役所の建物が損壊する → 一部損壊であれば十分機能できるが，損壊の規模が大きく業務に支障が生じる場合は，代替できる建物を探す。市民センターや学校などが候補となるが，避難所として利用されている場合がある

第3章 情報と危機回避

表-3.3 被災レベルごとに見た組織・活動・協議事項例

＜平常時＞……
＜洪水発生時＞……
＜水害発生直前＞……
＜水害発生時＞

被災（が及びそうな）範囲	活動組織 主対応組織＋対応組織＋支援組織＋協力組織	活動内容	協議事項
市町村レベル	市町村＋事務所（現地）＋水防団・消防署＋建設会社・ボランティア ＊新聞と一緒に避難所マップ配布（台風来襲前） ＊無線を貸与した町内会長，タクシー無線網より災害情報を収集し…… ＊協定締結した建設会社より資器材を調達…… 　　○○市と「災害支援協定」を締結 　　△△協会，□□建設と「水防資器材の調達に関する協定」を締結 ＊市と警察，消防が連携して，緊急排水路を開削して，氾濫水を誘導し，…… ＊ボランティアの後方支援を仰いで……	水防活動 避難活動 情報収集 資器材調達 緊急排水路	……
都道府県レベル	都道府県・市町村＋事務所（現地）＋水防団・自衛隊＋…… ＊広域防災計画に基づいて，周辺県は避難住民の受け入れ体制をとり，…… 　　○○県と「災害支援協定」を締結ずみ ＊自衛隊に応急橋架設車の要請を行い…… ＊排水ポンプ車を集結して……	広域避難 緊急輸送路の確保 ……	…… 救助協力 …… 排水規制
流域レベル	……派遣された国交本省職員を含めた防災拠点化…… ＊内閣危機管理室，国交省と連携した協議機関を設置…… ＊総理大臣が最終的な判断者となり……	鉄道盛土を利用した氾濫流制御 ポンプ排水……	…… 堤防開削 ……

＜災害復旧時＞……
＜災害復興時＞……

- 庁舎のライフラインが停止する → 停電には自家発電機等により対応するが，多くの機能が停止したり，対応が難しい場合は災害対策本部等を移転することを考える

災害対応のための地域防災計画等のマニュアルは，とくに災害が少ない地域で

3.4 危機回避のためのシナリオ

は形式的につくられたマニュアルが多く見られる。しかし，実践的に使えないと意味がないので，使いやすい形式で作成する。そのためには，全体的にわかる「概要版」と，具体的な内容が記載された「詳細版」に分けて作成するのが良い。必要があれば，視覚的にわかりやすい図や写真を添付する。ただし，注意しなければならないのは，マニュアルは万能ではなく，一つのやり方を示したにすぎないということである。実際にはマニュアルに縛られず，状況に応じて柔軟に対応することが必要である。災害経験の少ない職員が多い場合などは，「危機回避のためのシナリオ」などで示した対応をマニュアルに書いておくと，とまどいが少なくなるので良い。以下には対応のためのヒントの1例を示す。

- 役所間の情報途絶 → 町内会長，民生委員，自主防災組織の役員などから情報を収集する
- 水防資器材の不足 → 河川・海岸現場からの調達，建設会社からの調達，代替資器材の調達（「水防で災害に対処する」に記載）
- 氾濫流の市街地への侵入 → 緊急排水路の建設（「氾濫流をコントロールする」に記載）
- 避難所の浸水 → ボートによる再避難

危機回避シナリオは計画論的発想が多いが，記述してきたように，実際の危機回避では管理論的発想が必要となる。まず，危機回避を行ったり，危機回避策を検討する場合に有効なツールを以下に紹介する。

- 緊急警報放送システム：スイッチを切っていても自動的に警報音を発し，内臓型では受信機から自動的に放送が流れてくるシステムで，これを利用して緊急情報を伝達する
- 洪水ハザードマップ，治水地形分類図：氾濫流の挙動を予測するのに用意する。最高浸水深，氾濫水が流下する旧河道などがわかる。また，自然堤防などの情報を用いて，避難や物資輸送に有効な道路を選定できる
- 災害対策資器材検索システム：国土交通省地方整備局のイントラ上で操作でき，資器材の保有場所・種類・数量を表示するとともに，水防工法一覧表から工法および対策規模を選定すると，必要な資器材の数量が表示される。今後は市町村でも検索できるようになることが望まれる

次に，危機回避のためのシナリオ検討に参考となる事例を紹介する。利根川は

第3章 情報と危機回避

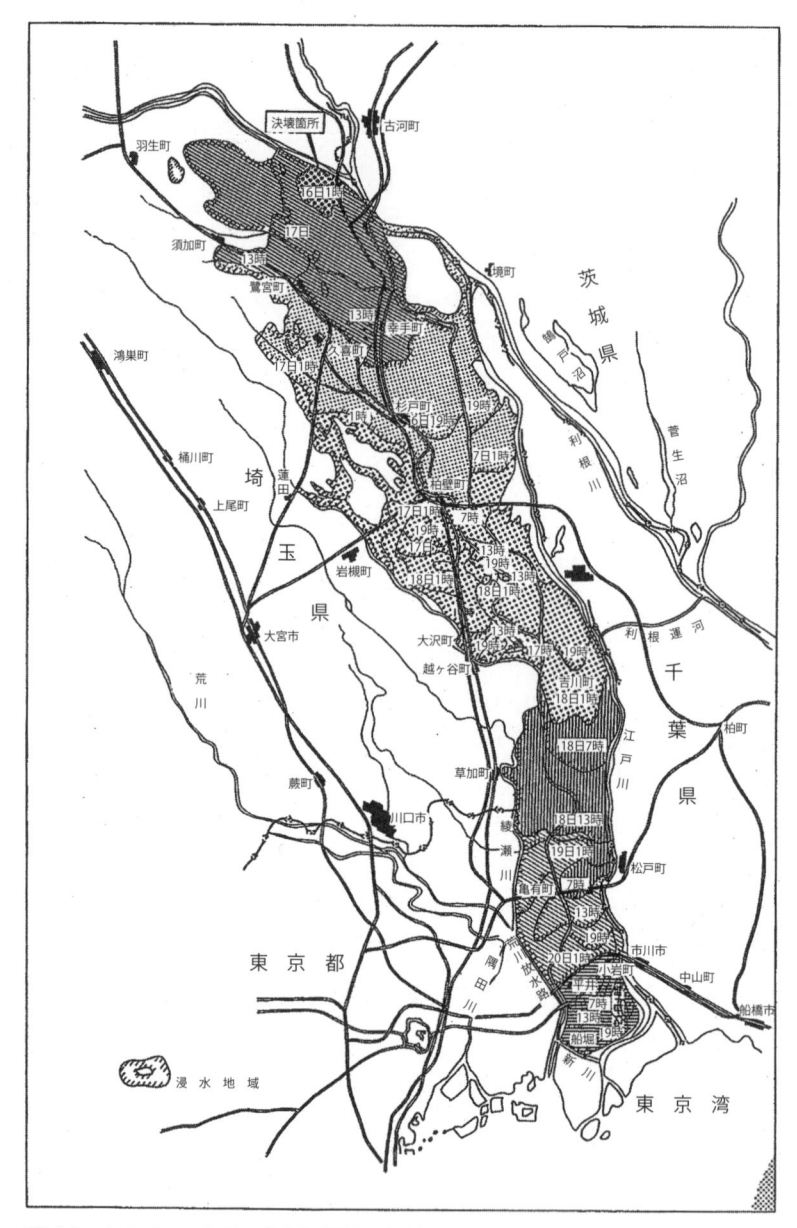

図-3.5 カスリーン台風に伴う氾濫流の伝播
氾濫水は旧河道である古利根川沿いを流下し，埼玉県南部に入ると減速しながら，最終的には東京湾まで到達した

3.4 危機回避のためのシナリオ

カスリーン台風（S22.9）に伴う洪水により埼玉県東村（現在の加須市）で破堤した。破堤は本川と渡良瀬川のピークが同時であったことと，東武鉄道・国鉄東北本線・国道4号線の橋脚で閉塞した流木が洪水位を上昇させたことに伴い，右岸の堤防高が低い区間から越水したために発生した。破堤に伴う氾濫流は旧河道（古利根川）を流下し，最終的に東京湾まで到達して，各地に甚大な被害をもたらした。

破堤に伴う氾濫に対しては，内務省国土局長と東京都知事の間で江戸川堤防開削による氾濫水排除の話が出たのに対して，千葉県土木部長が反対するなど，利害関係がぶつかりあう状況となった。最終的には内務省国土局長は反対する千葉県知事を説得して，江戸川堤防開削を決定した。すなわち，千葉県が内務省の意見に従う方向で事態は落ち着いた。これを受けて，東京都はGHQを通じて進駐軍に堤防爆破を依頼し，爆破が行われたが，堤防は頑丈で失敗に終わった。そうこうしているうちに，都県境の桜堤が氾濫流により決壊して，東京が氾濫してしまった。このように，氾濫流の排除に対する対応策は，技術的・経済的な視点だけでなく，利害関係に大きく左右されるため，危機回避のためのシナリオ検討は簡単ではない。

◎参考文献
1) 末次忠司：河川の減災マニュアル，技報堂出版（2009）
2) 埼玉県：昭和二十二年九月埼玉縣水害誌（1950）
3) 高崎哲郎：洪水，天ニ漫ツ－カスリーン台風の豪雨・関東平野をのみ込む－，講談社（1997）

3.5 ハード施設による危機回避

　豪雨・洪水やそれらに伴う氾濫等に対処するには，後述するソフト対応も重要であるが，やはり堤防やダムなどのハード施設による対応がまずは重要となる。対応には洪水対応と，氾濫対応がある。本節以外で記述している内容については，重複を避けるため，→のあとに記述箇所を示し，本節では☐の項目について記述した。

■洪水対応
- ダムによる洪水調節
- 樋門の閉鎖
- ポンプ排水規制（運転調整）

■氾濫対応
- 陸閘等による氾濫流制御 →「9.1 氾濫流をコントロールする」に記載
- 緊急排水路 →「9.1 氾濫流をコントロールする」に記載
- ポンプ排水（ポンプ設備，氾濫原ポンプ）

＜ダムによる洪水調節＞

　ダムでは洪水期（6～10月）に貯水位を下げる制限水位方式を採用しているダムが多い。そして計画を上回る洪水が予想されると，貯水位を制限水位以下に下げる「事前放流」を行ったり，予備放流水位[*1]まで放流する「予備放流」が行われている。しかし，事前放流は降雨予測がはずれると貯水位を回復できないし，予備放流は放流水位以外のルールがないため，放流実施判断の適否が争点となる。したがって，当該ダム流域における降雨予測精度を向上させるとともに，

[*1] 予備放流水位は常時満水位から予備放流容量を差し引いた水位である。予備放流容量は平常時の利水容量に含まれている容量を洪水時に使うものである

3.5 ハード施設による危機回避

ダム貯水池への洪水流入状況に応じて，どの程度の流量を放流するのが良いかについてあらかじめシミュレーションしておくことが重要である．とくに多目的ダムで利水も行っている場合は，低い水位では貯水優先で，なるべく放流を行いたくないと考えがちなので，放流の判断に留意する．

＜樋門の閉鎖＞

排水先河川の水位が高くなると，逆流に伴う氾濫を防ぐために樋門ゲートを閉じる必要がある．ゲート操作は地元住民などに委託されている場合もあり，また人力操作では時間を要するので，水位上昇に応じて，迅速に操作依頼を行わなければならない．施設を遠隔操作できる場合は，操作マニュアルに従って，施設周辺に人がいないかどうかの確認を行ったうえで，遠隔操作で閉鎖する．なお，樋門は洪水時だけでなく，高潮や津波が発生した際にも閉鎖する必要があるので注意する．

＜ポンプ排水規制＞

排水先河川の水位が高い場合に堤内地の湛水をポンプ排水すると越水する危険性が出てくるので，排水規制を行う必要がある．排水規制は排水管理者と浸水被害者が一致する場合は実施可能性はあるが，一致しない場合は実施が困難な場合がある．新潟県西蒲原地区（信濃川支川新川）では，過去2回（S42.8，H7.8）にわたってポンプ排水規制が実施された．この地域は農村地域であり，排水規制に対する住民からの反発は少ない．それでも，昭和42年8月の規制時はポンプ停止の決定に住民が反対を表明した．幸い，この間に洪水位が下がったため，とくに問題とはならなかった．

愛知県および流域市町村でも，東海豪雨（H12.9）後，排水調整要綱を作成し，新川では平成13年6月より運用を開始した．この排水調整要綱では，表-3.4に示すように
- 下之一色水位観測所でT.P.2.9mに達したら，新川に排水する全65ポンプを停止する
- 水場川外水位水位観測所でT.P.5.2mに達したら，新川上流域で排水する24ポンプを停止する

第3章　情報と危機回避

- 支川五条川の春日（はるひと）水位観測所で T.P.5.4m に達したら，五条川流域で排水する 26 ポンプを停止する

ことが定められている。排水調整・準備水位を経て，ポンプは氾濫危険水位で定める停止水位で停止され，この水位より 20cm 下がった段階で排水運転を再開できる。これらの基準は新川流域 19 市町（当時）の総合治水対策協議会において協議して決められた。河川水位は河川管理者から高速一斉 FAX で伝えられるが，末端のポンプ管理者へは電話で伝達されることが多く，時間を要する場合がある。平成 20 年 8 月洪水では，この要綱に従って五条川流域で稼働していた 16 ポンプを 2～4 時間にわたって停止したが，停止した段階では降雨はやんでおり，1m 程度の湛水ですんだ。

また，同じ愛知県内の日光川流域は低平地に位置し，新川流域よりもポンプ台数，ポンプ量が多い。流域内の目比川破堤（S51.9）を契機に，昭和 52 年 9 月より排水調整のルール運用を行っていた（排水停止の実績はない）が，

- 日光川放水路の供用開始（H22.6）など，河川整備が進んだため，基準水位を見直す
- 水位上昇の特性に応じて，水位の基準地点を 2 箇所に増やす
- 関係者の会議，知事への要請，知事からの指示がなくても，基準水位に達すると排水停止できるようにする

ことなどを定めた新たな排水調整要綱を平成 22 年 7 月より運用開始した。

表-3.4　排水調整基準水位表

流　域	基準地点	準備水位	停止水位	再開水位	対象ポンプ数（ポンプ量）
新川下流域	下之一色	T.P.2.2m	T.P.2.9m	T.P.2.7m	65 台（395m³/s）
新川上流域	水場川外水位	T.P.3.9m	T.P.5.2m	T.P.5.0m	24 台（240m³/s）
五条川流域	春日	T.P.4.6m	T.P.5.4m	T.P.5.2m	26 台（53m³/s）

表-3.5　新川・日光川流域におけるポンプ排水状況

流　域	流域面積	ポンプ台数	ポンプ量	ポンプによる排水率	運用開始
新川流域	約 245km²	65 台	約 395m³/s	約 35%	H13.6.1
日光川流域	約 299km²	158 台	約 713m³/s	約 71%	H22.7.1

＜ポンプ排水＞

 通常ポンプは氾濫流制御ではなく，内水排除目的で設置されているため，排水量も氾濫水を排除できるほどの大きな能力は有していない。内水排除計画では比流量で見て

- 一般河川で $0.5 \sim 1\mathrm{m}^3/\mathrm{s}/\mathrm{km}^2$
- 都市河川で $2\mathrm{m}^3/\mathrm{s}/\mathrm{km}^2$ 以上

が目安となっている。流域面積別では $10\mathrm{km}^2$ 以下で $2 \sim 4\mathrm{m}^3/\mathrm{s}/\mathrm{km}^2$，$10\mathrm{km}^2$ 以上で $1 \sim 2\mathrm{m}^3/\mathrm{s}/\mathrm{km}^2$ が多い。したがって，氾濫に対応するには内水以上に能力の高いポンプ設置が必要となるが，経済性も考慮して建設したポンプ設備だけで対応するのではなく，ポンプ車や可搬式ポンプなども組み合わせることが現実的な方法となる。

 一方，氾濫原ポンプは合流点などの閉鎖性流域に設置され，氾濫水排除の仕様を持つものである。ポンプ規模は計画洪水時における破堤に伴う浸水を上限に，降雨確率（洪水位）～浸水深の関係を求め，ポンプ設置による被害軽減額を算定して，B/C（便益/費用）に基づく妥当な規模を設定する。ただし，排水先河川の水位が高い場合は，ポンプ排水できないことを考慮しておく必要がある。

◎参考文献

1) 建設省河川局治水課 監修・国土開発技術研究センター 編集：内水処理計画策定の手引き，山海堂（1994）

3.6 【住】さまざまな状況に対処する

　豪雨・洪水時に遭遇する危機を回避するためには，各種マニュアルを参考にするだけでなく，さまざまな状況に対応して柔軟に対処できる訓練をしておく必要がある。そのためには，それぞれの場面で留意すべき事項を知っておくことが大事である。本節以外で記述している内容については，重複を避けるため，→のあとに記載箇所を示し，本節では□の項目について解説を行った。

■避難編
- 避難所へ安全に避難する→「7.3 避難する必要があるか」，「7.6 避難のノウハウ」に記載
- 自宅で避難する
- 家から脱出する

■屋外編
- 屋外で豪雨・洪水に遭遇する→「3.3 こうなったら危機的状況」に記載
- 洪水中の河川へ転落する→車の水没については「7.7 浸水中の車は危険」に記載
- 地下施設で浸水に遭遇する→「5.4 地下で浸水に遭遇したら」に記載
- 浸水のなかに車が入る→「7.7 浸水中の車は危険」に記載

＜自宅で避難する＞

　やむをえない事情で避難所へ避難できずに，自宅避難することになった場合，高い場所を設けて家財等を移動するだけでなく，なるべく浸水が家屋内へ侵入しないように対処する。また，浸水の流入に伴って，家財や電気製品が浮き始めるので注意する。対処法は以下の通りである。

- 家の周囲がブロック塀で囲まれていれば，あいている出入口に土のう等を積

3.6 【住】さまざまな状況に対処する

んで，浸水の流入を最小限にする。土のうの隙間から水が入る時は，土のう全体をブルーシートでくるむと良い

- 家屋内への浸水の流入を少なくするには，ドアやサッシ等の隙間に，タオルなどを詰めれば良い。浸水当初は屋外の浸水深が高く，この水位差によりガラスが割れる場合があるので，ガムテープで目張りしたり，ガラスの内側に接するように重い物を置いておくと良い。地震対策のガラス飛散防止フィルムを貼っておいても良い
- 床上浸水になった場合，まずテーブルや低い机が浮くので，これらの上に濡れても良い重い物を重しとして置いておく。電気製品は水に弱いので，なるべく高い所に移動させる

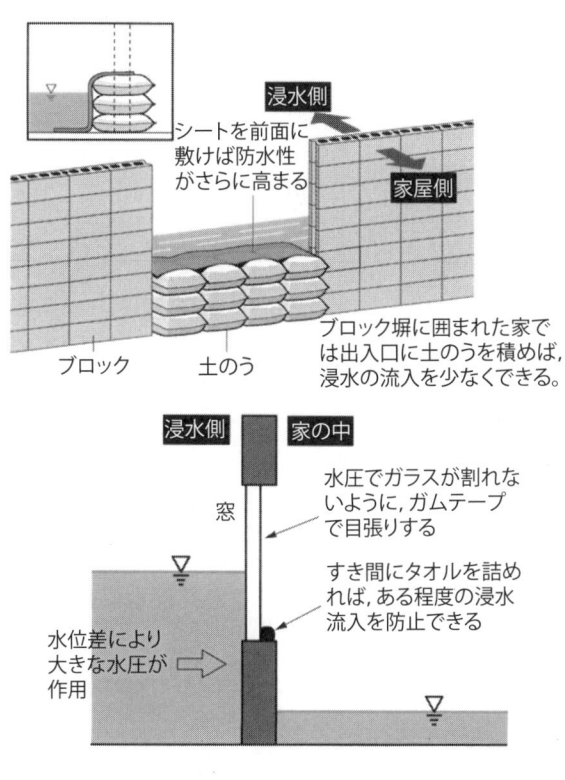

図-3.6 家への浸水流入防止策

- 一層危険な状態になったら，屋根裏や屋根の上へ移動し，携帯電話で市役所・消防・警察に救助を求める。ヘリコプターや救助ボートが見つけやすいよう，ベランダや屋根に目立つ色のタオルなどを掲げる
- 氾濫流により家が流されそうになる[*1]など，さらに危険な状態になったら，家から脱出することを考える

＜家から脱出する＞

　脱出は玄関からではなく，窓または屋根から行う。2階以上から脱出するにはロープが必要となる。太さが違うロープをつなげる時は二重つなぎとし，ロープを人や木に結びつける時はもやい結びとする。カーテンやシーツを結んでも脱出用ロープとなる。脱出後はボートなどで移動する。木の板やタイヤのチューブを使って，簡易なボート（いかだ）をつくる。ボートができなくても，自力で浸水中を移動するには，プールで使うボートや浮き袋，大型の発泡スチロールなどの水に浮かぶ物を利用する。

＜洪水中の河川への転落に対して＞

　水難事故による死者・行方不明者数は年々減少しているが，場所別では海（約5割）と川（約3割）が多い。万一河川に転落したら，力を抜いて浮くことを考える。浮いて流れてくるバッグ，流木，スーパーの袋などを探し，見つけたらそれにつかまる。洪水流はとくに堰などの横断工作物付近では，流れが渦巻いて水をかぶることもあるが，浮いた状態を保って，無理に泳ごうとはしない。そのうち，岸に近づいたら，疲れない平泳ぎや横泳ぎで岸へ泳ぎ出す。

　服を着ていると動きにくいので，余裕があれば服を脱ぐ。脱ぐ時はかかとをお尻まで上げて両手で靴を脱ぎ，次に上着，ズボンの順で脱ぐ。ただし，海難事故では救助まで長時間水中にいる場合があるので，体温を下げないよう，服を脱がない方が良い。冬に川へ転落した場合も体温保持のため服を脱がない方が良い。

　逆に溺れた人を見つけたら，浮く物を投げてあげる。泳ぎで助ける場合は，（前から抱きつかれないよう）水難者の腕，肩，服などを背後からつかんで，上向き

---

*1　木造の平屋で1階の天井近くまで浸水すると，浮力で家が流されることがある

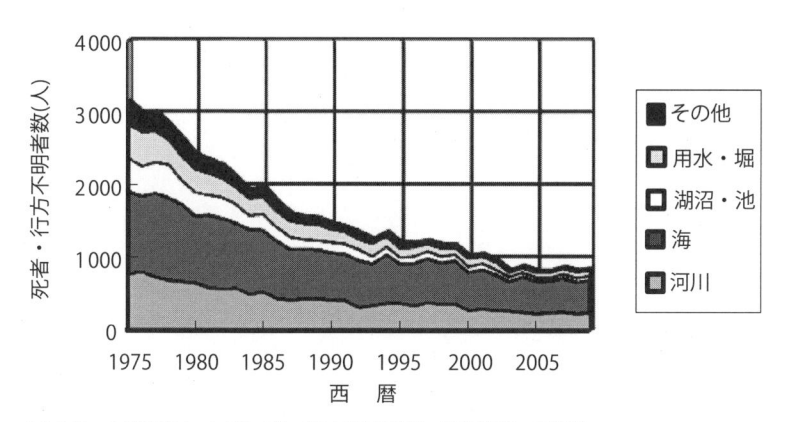

3.6 【住】さまざまな状況に対処する

図-3.7 水難事故による死者・行方不明者数（場所別）の推移
死者・行方不明者数は経年的に減少している。場所別では最近10年間で見て海（53%），河川（29%）が多い

にして助ける。救助した人は，大出血→意識→脈→傷の順番で処置する。例えば，大出血がなければ，以下の順番で応急処置を行う。

① 呼びかけにより，意識の有無を確認する
② 口の中の泥や藻を取り除き，気道を確保する
③ 呼吸がなければ人工呼吸，呼吸があれば昏睡体位[*2]とする
④ 脈が弱い場合，人工呼吸と心臓マッサージを行う

*2 腕を斜め下にし，体が腕にかぶさるようにする。一方の手を顔の下に置き，あごを軽く前に出す。上の足のひざを腹部に引き寄せると，姿勢が安定する

◎参考文献

1) 栗城稔・末次忠司・小林裕明：洪水による死亡リスクと危機回避，土木研究所資料，第3370号（1995）
2) 末次忠司：これからの都市水害対応ハンドブック，山海堂（2007）
3) 末次忠司：河川技術ハンドブック，鹿島出版会（2010）

第4章
洪水災害と水害

4.1 洪水災害の対策を考える

洪水災害には侵食災害，浸透災害，越水災害がある。これらの災害は河道内の災害でおさまる場合もあるが，越水災害などは氾濫して堤内地災害に発展するし，越水により破堤するときわめて甚大な被害となる。

＜侵食災害＞

洪水が発生すると，まず河道内で災害が発生する。災害でもっとも多いのは河岸や護岸が被災する侵食災害である。とくに急流河川で多いが，破堤に至ることは少ない。侵食による破堤事例には以下の事例がある。

- 多摩川（S49.9）：二ケ領宿河原堰が洪水流下の阻害要因となって破堤し，家屋19棟が流失したが，堤内地の地盤高が高かったため，河道に戻る迂回流となり，氾濫には至らなかった
- 関川（H7.7）：側方侵食により建物などが流失した。侵食によりＳ字カーブの河道となった
- 阿武隈川支川荒川（H10.9）：帯工によりいったん縮流した流れが拡散[*1]し，固結化した砂州の影響もあり，誘導された洪水流が堤防を侵食し破堤させた。氾濫流は河道沿いを流下したため，大きな氾濫被害とはならなかった

侵食災害の主要な発生原因は以下の通りである。

① 堤防または河岸沿いが深掘れし，のり面が崩れたり，根固め工が流失するなどして，被害が発生する
② 洪水流により護岸がめくれたり，流失して被害が発生する
③ 洪水流により護岸裏の土砂が吸い出されて，空洞が発生する
④ 掘り込み河道において護岸裏が侵食される。これは上流からの氾濫水が護岸裏に流入して侵食したものである

---

*1 帯工の設置間隔が狭いと，流れが拡散しても下流の帯工により縮流されるが，当時間隔が広かったため，拡散した流れが河岸方向に向かった

4.1 洪水災害の対策を考える

① 侵食の発生から5分
② 侵食の発生から17分
③ 侵食の発生から約30分

写真-4.1　阿武隈川支川荒川の破堤プロセス
荒川は急流河川のため，堤防に衝突する洪水流により侵食開始後約30分で破堤した
（国土交通省東北地方整備局福島河川国道事務所 パンフレットより）

①の原因である深掘れは砂州の動きや2次流が関係している。河岸沿いに長い（砂州周縁の）みお筋が固定してある場合がもっとも侵食災害を起こしやすく，ブロック投入などによる十分な対策が必要となる。また，湾曲部などでは2次流により，河床の土砂が運搬され，深掘れしやすい。2次流は水位差[*2]に伴う水圧差と，遠心力による力が合わさって生じる横断的な回転流（流速は1次流の1/10程度と遅い）で，上層で外岸側へ，下層で内岸側へ力が作用し，外岸側が右側とすると，時計回りの横断流となる。この2次流により，外岸側で深掘れが発生する。

②の護岸の上流端は洪水流によりめくれることがあるので，境界には小口止め工を入れる。また，連節ブロックやブロックマットもめくれやすいので，注意する。

③の空張り護岸や空積み護岸では，洪水流に伴って護岸の隙間から土砂が吸い

---

　*2　川幅が B，流速が v，曲率半径が r_c の時，左右岸の水位差は Bv^2/gr_c である（急流河川ではこの値を2倍する）

出されることがある。護岸裏に吸い出し防止材を敷設しておくと良い。

④は山地河川などで見られる侵食形態で，侵食が激しいと護岸が自立できないほどになる。危険性が高い区間では護岸を天端まで巻くように施工する（越水対策にもなる）。

①〜③（とくに②）に対しては，洪水流の外力を軽減する対策が考えられる。河道法線形を直線化して，湾曲部外岸側に作用する外力を軽減したり，水制などを設置して，河岸や堤防に作用する洪水外力を軽減することができる。

他の侵食形態に偏流がある。偏流は中小洪水時に砂州上を横断する流れが発生して，堤防や河岸を侵食するもので，通常の洪水流に比べて流向が堤防に向かっているため，危険な侵食を引き起こす場合がある。また，堤防から離れていると，あまり問題とはならないが「高水敷侵食」もある。低水路が蛇行している河川で，高水敷高を超える洪水が発生した場合，洪水流が高水敷を乗り上げる箇所で侵食が発生する。

急流区間の小河川では侵食対策として護岸を建設する場合，基礎工・根固め工の施工にあたって広く床掘りする場合がある。床掘りの範囲が広いと，洪水流により埋め戻し土が流失して，深掘れする場合がある。このように，場合によっては侵食対策が侵食災害を引き起こす危険性もある。

＜浸透災害＞

浸透に対して堤防断面が十分ない場合，洪水が長時間継続したり，堤防が浸透しやすい材料で構成されている場合は浸透災害が起こりやすい。すなわち，洪水が長く続く緩流河川や弱小堤防河川で多い。ダムからの放流時間が長い河川で浸透災害が発生することもある。浸透による破堤事例には以下の事例がある。

- 長良川（S51.9）：典型的な雨台風である台風17号により，伊勢湾台風に次ぐ約54万棟の被災家屋数を記録した。長良川では4日間に及ぶ洪水が発生し，最後の洪水ピーク発生後に岐阜県安八地区で浸透破堤した
- 小貝川（S61.8）：台風10号およびその後の温帯低気圧に伴って，小貝川流域では観測史上最大の日雨量を記録し，洪水ピーク発生直後に茨城県石下町本豊田地区（35.5k右岸）で破堤した。堤防裏のり尻から勢いよく漏水した後，幅7〜10mの土塊が流失して破堤に至った

4.1 洪水災害の対策を考える

- 宇治川（S28.9）：台風13号豪雨に伴う洪水により，三川合流点において洪水ピークが合わさり，洪水流量が少ない宇治川へ洪水が流入して，42.8k左岸（京都府久御山町）で浸透破堤が発生した

浸透災害の直接的な発生原因は前述した長時間洪水であるが，誘因としては堤防内の土質構造がある。川表の透水性が高く，川裏の透水性が低いほど，浸透災害が発生しやすい。例えば，川表に砂層があり，川裏に粘土層があると堤体内に浸透水が貯まって水圧が高まり，川裏での漏水が激しくなり，最悪破堤に至ることがある。ショートカット等に伴う旧川締切箇所の堤防区間も浸透に要注意である。この区間では堤体内に多くの砂礫があり，透水性が高いためである。土の強度を堤体の飽和度との関係で見ると，堤体の飽和度は通常40～60％であるが，浸透が進んで飽和度が100％になると土の強度は1/3～1/2に低下するとともに，透水係数は10倍になる。

ただし，漏水しても澄んだ水が出てくる場合はとくに問題はない。濁った水が出てくると，浸透水に

堤防裏のり尻からの漏水の勢いが強くなる

破堤直後の写真で破堤幅は7～10m
堤防天端に入った2条の亀裂の間の土塊部分が流失（9：58）

土砂を含んだ氾濫水は八間堀川からの排水路（写真中央部）を逆流氾濫しながら堤内地を浸水させた（10：15頃）

写真-4.2　小貝川の浸透破堤状況
石下町役場の倉田氏による撮影

第4章 洪水災害と水害

より堤体内の土砂が流失していることを表し，浸透災害を引き起こす危険性がある。浸透対策としては堤防の裏のり尻に敷設するドレーン工（礫群）がもっとも効果が高い。ドレーン工は厚さ 50cm 以上とし，平均動水勾配[*3]が 0.3 以上とならないように，幅（奥行き）を設定すると同時に，土砂流入による目詰まりに注意する。また，天端を舗装すると堤体への雨水浸透が減少し，浸透による弱体化を防ぐことができる。

＜越水災害＞

中小河川を含めると，破堤原因の 7〜8 割が越水である。越水しやすい区間は

- 河積の狭い区間
- 堤防高の低い区間   ──┐
- 狭窄部または川幅が狭くなる区間の上流 ──┴── 構造的要因
- 本支川合流点付近   ──┐
- 河床勾配変化点   ──┴── 河川地形要因
- 橋梁または横断工作物の上流   ─────── 工作物の影響

などがある。そのため，越水は洪水流下能力の低い中小河川や山地河川で多い。越流水深は山間地から平野へ出る箇所などを除くと，高くて 50〜60cm 程度で，越流量が増えても越流水深はそれほど高くならず，それ以上に越流区間が長くなる傾向がある。越流水のせん断力は越流水深に比例するので，相対的に堤防高が低い区間（不陸）から越水すると，破堤する危険性が高まる。平成16年水害においても，新潟（刈谷田川，五十嵐川），福井（足羽川），豊岡（円山川）において破堤が発生した区間は不陸区間であった。

越水による典型的な破堤プロセスは

- 越流水のもっとも大きなせん断力が作用する裏のり尻（小段がある場合は小段のつけ根）がまず洗掘される
- 洗掘が進行すると，水を含んで重量が増大した堤体は洗掘に伴う不安定により崩れ出す
- のり表面が削れるというより，まとまった土塊状で崩落していく
- 崩落が天端付近に至ると，構造的に水圧に耐えられなくなり，破堤に至る

[*3] 動水勾配は $i = (G_S - 1)/(1 + e)$ で，G_S は土粒子密度，e は間隙比である

4.1 洪水災害の対策を考える

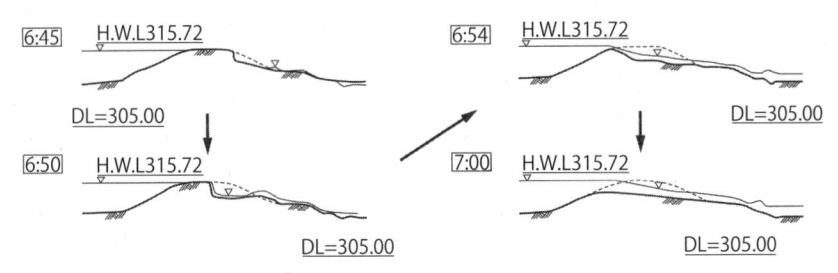

図-4.1 千曲川における破堤プロセス
千曲川には裏小段があったため，裏のり尻ではなく，小段が最初に洗掘された（建設省千曲川工事事務所資料）

である。千曲川（S58.9）における実際の破堤現象を見ても，越水により堤防裏のり肩付近の植生が流失し，裏のり肩から小段にかけて侵食し，最終的に裏のり面が鉛直に崩壊するという典型的な破堤プロセスが見られた。なお，福井の足羽川のように堤体が砂質土主体の場合は，越水に伴って裏のり肩付近でガリ状の侵食が始まり，侵食幅が拡大して破堤する場合がある。

なお，越水してから破堤するまでの時間は後述するように，短い場合と長い場合がある。これは越水に長く耐えられる要因として

- 不陸がなく，越水しても縦断的に一様の越流水深である
- 天端が舗装されている
- 裏のりの植生状況が良い

などのように不陸，舗装，植生があるか否かに関係している。逆に言うと，こうした要因の取り込みが越水対策となりうる。なお，天端舗装が越水に有効なのは，堤体が土塊状に崩落するのに抵抗する以外に，舗装が堤体への雨水浸透を防止することにより，浸透による堤体の弱体化を防ぐという効果もある。天端舗装は裏のりの肩まで巻いておくと，越水に対して一層強くなる。

◎参考文献

1) 中島秀雄：図説 河川堤防，技報堂出版（2002）
2) 吉本俊裕・末次忠司・桐生祝男ほか：昭和61年8月小貝川水害調査，土木研究所資料，第2549号（1988）
3) 末次忠司：河川の減災マニュアル，技報堂出版（2009）

4.2 水防で災害に対処する

　事前の洪水対策には堤防やダムなどの治水施設の整備があるが，洪水中では水防と避難活動で住民を守ると言っても言い過ぎではない。水防活動は事前の水防体制と，洪水発生直後・洪水中の水防活動に分類される。

＜事前の水防体制＞

　市町村では水防計画書を策定するが，策定にあたっては形式にこだわらずに，なるべく実践的な計画書とする必要がある。計画書のなかの重要水防箇所（越水，浸透，侵食など）は改修工事の進捗や水害の発生に応じて，5年に一度程度は見直しを行うようにする。近年減少傾向にある水防団員[*1]は積極的に募集するとともに，定年年齢を見直すなどして団員の確保に努める。

　水防資器材は活動に必要な種類・数が十分あるかどうかの確認を行う。竹は1年たつと乾燥して強度が低下するので，出水期前に買い替える。資器材の備蓄数はインターネットなどで見られるようにしておき，本庁以外の支所などでも見られるネットワーク形式としておく。水防訓練は住民へのデモンストレーションのための訓練が多いが，技術力の高い団員を育成するには，水防工法に詳しい水防専門家[*2]を招いて，実践的な水防訓練（水防指導員講習会，水防工法講習会など）を行うようにする。夜間訓練も一つの方法である。水防工法を実施するにあたって，事前に習得すべき基本工法は表-4.1 の通りである。

　水防管理団体や水防団は水防連絡会（国交省事務所主催）などと一緒に，合同の堤防巡視・点検を行い，堤防危険箇所を把握しておく。堤防だけではなく，普

[*1] 水防団員は9割以上が消防団員との兼務で，通常仕事を持ったボランティアである。消防はポンプ設備などの機械化が進んでいて水防よりは少ない人数で活動が可能である

[*2] 河川伝統技術に詳しい水防団 OB 等が登録され，市町村等の講習会等で水防工法を教える。平成 19 年 2 月より制度が開始された

4.2 水防で災害に対処する

表-4.1 水防工法の基本工法

工法名	基 本 工 法 の 概 要
竹とげ	止め杭と控え杭で地面に固定した台木上に竹とげ鎌を設置する。竹の先端を持った者は竹を鎌にあてがうだけで，後ろの者が竹を引いてとぐ。竹は節下3〜5cmの所から次の節3〜5cmの所を残すように斜めにそぐ。先端がとがっていると堤防に入れた時に竹が割れやすいので，とがった部分をといで小さな三角形にする
杭拵（こしら）え	台木の上に杭を斜めにのせて持ち，他方の者がおので先端を削る。杭は直径の2〜3倍の所より3方向に底面が3cmの正三角形となるように削る。先端をとがらせないのは，杭を堤防に打ち込んだ際に亀裂が発生しないようにするためである
ひも結び	土のうの口を縛る時は縛った袋の口を片方の手で握り，その下部にひもを2〜3回まわす。まわしたひもの端を絞った元のひもに巻き込むように上から通し，そのまま上に強く引いて縛る。木流し工で，木の枝に重り土のうをなわで取り付ける時は，かみくくし（髪括し）で結ぶ。こうしたロープワークの詳細については，「水防工法の基礎知識」[1]を参照する

段の川の流れを見て洪水時の危険箇所を予測できるような訓練をすることも重要である。

＜洪水発生直後の水防活動＞

　洪水が発生したら，水防団員を迅速に召集する。浸水などで道路が途絶して，召集が難しい場合などは，水防団 OB も含めて集まってもらう。現場に集まった団員で，水防工法について検討するが，必要に応じて国交省事務所の職員や防災エキスパート[*3]などのアドバイスを得る。工法選定には「実務者のための水防ハンドブック」[2]などを参考にする。工法に用いる水防資器材はネットワークで検索して，迅速に調達できる方法（道路）を検討する。建設会社には重機とダンプをまわせるだけまわしてもらい，集落の人にはトラックやスコップを持ってきてもらう。十分な資器材を集めることが難しい場合は，代替品でも良いので集める。代替品としては，

- 土のう　　　→ 肥料やコンバインの袋，米俵
- 重し土のう → コンクリートブロック，砕石
- むしろ　　　→ じゅうたん

*3　防災エキスパートとは公共土木施設の整備・管理に経験を持ち，災害復旧を支援するボランティアを指す。阪神・淡路大震災の1年後に制度化された

第4章 洪水災害と水害

- 畳　　　　　→ シート・テント（川表用），厚い木板・雨戸（川裏用）

などを使うこともできる。木やブロックなどを運ぶのに重機は重宝するので，建設会社などから調達する。事前に災害協定を締結しておくと，一層良い。ただし，堤防や地面が非常にぬかるんでいる時は重機を使うのが難しい場合がある。鉄板や畳を敷いて，走行させる方法もある。

＜洪水中の水防活動＞

　水防活動は基本的に人海戦術で行うので，なるべく多くの人数がいる方が良いが，前線で活動する部隊と後方で支援する部隊に分けて活動を行う。また，活動が長時間に及ぶ可能性がある場合は，12時間交替で活動できるよう，一部の人には待機しておいてもらう。侵食対策など，河道内で活動する場合は命綱をつけるなどして，洪水流に流されないように注意する。命綱は引っ張ると一本の綱になるように丸めておく。

　水防工法は約40種類あるが，実施されているのは半分の20工法である。土のう積み工がもっとも多く，次いで木（竹）流し工，表シート張り工，月の輪工が多用され，これらで全体の8割以上を占める。水防活動は竹や木などの身近な材料，伝統的な工法を用いているため，実施にあたってはさまざまなノウハウがあるので，以下に列挙しておく。

- 洪水流による影響を最小限にするため，土のう（長手積，長手ならべ）のしばり口は下流に向け，控え土のう（小口積，小口ならべ）のしばり口は川裏側に向ける
- 木流し工は枝や葉がついた「しいの木」や「かしの木」がよく，堤体の損傷を防ぐため，枯枝等を取ることが大切である
- 堤防の裏のり，裏小段から漏水が見つかった場合，まず川表の漏水口を探し出し，詰土のう工等を行う。漏水口が見つからない時はむしろ張り工等を下流部から連続して行い，漏水口を塞ぐことが先決であるが，これらと並行して川裏で月の輪工等を行う
- 月の輪工を行うと，上下流の堤体内の水圧が高くなって，新たな漏水箇所が発生することがあるので，上下流区間の様子にも注意する
- 堤防が水で飽和している時にくいを打つと，新たな亀裂をつくる原因になる

4.2 水防で災害に対処する

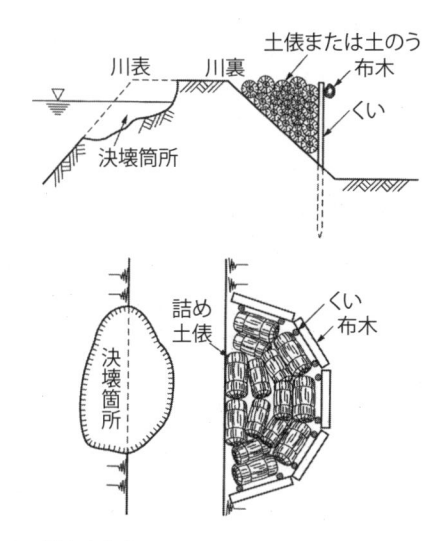

図-4.2 築きまわし工
侵食により堤防の肉厚が減少したのに対して、川裏で土俵などにより堤防の断面不足を補う補強工法である

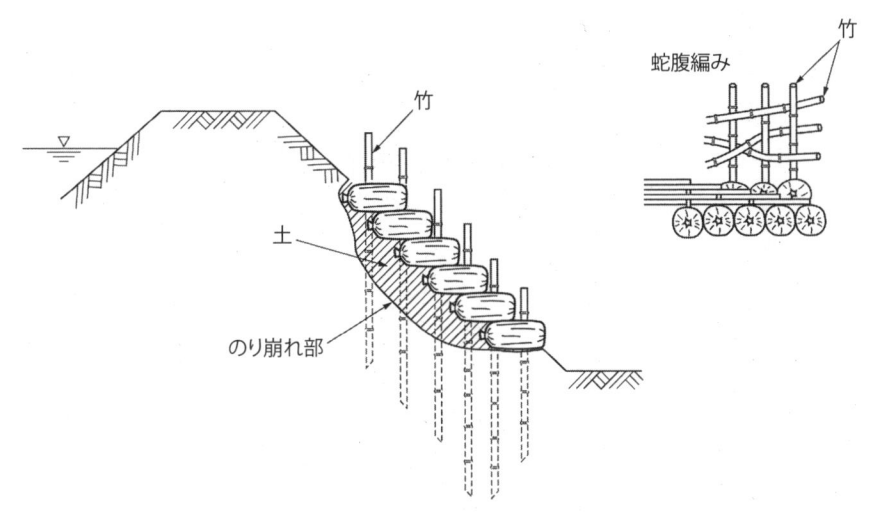

図-4.3 土のう羽口工
築きまわし工と同様、堤防断面の補強工法であるが、崩壊した川裏の下部から土のうまたは土俵を小口（縛り口を川側に向ける）に並べ、積み上げていく

ので，杭打ちはしてはならない．ただし，堤体の亀裂拡大を防ぐ「五徳縫い」は竹を差すことにより堤体を固定し，地盤も締まるので良い

＜緊急措置＞

とくに拡大が予想される被害が発生した時，水防活動等により緊急的に対応する必要がある．例えば，河岸侵食が発生した場合，捨て石工（堤外地）や築きまわし工（堤内地）により対応するが，河岸にあたる洪水流が強い場合は上流に大きなブロックを投入して，流れをそらすとともに，侵食箇所に中規模のブロックを投入する．浸透に伴うのりすべりに対しては，急流河川では立てかご工を行い，その他の河川では土のう羽口工を行う．

一方，地震が発生すると堤防の陥没・のり崩れなどの変形，沈下・亀裂などの変状が発生する．こうした地震災害に対しては応急復旧，緊急復旧の順で対応する．

＜応急復旧：発生後数日以内＞

亀裂に水が入って堤防が弱くならないように，ブルーシートで亀裂を覆う．

＜緊急復旧：発生後数か月以内＞

被災程度に応じて，以下のように復旧方法は異なる．

① 沈下・すべりの発生
  - 天端高までの盛土＋遮水シート張り＋河岸に土のう積み
② 計画高水位以深に亀裂発生
  - 亀裂に土砂充填＋河岸に土のう積みまたは部分切返し
  - 出水期には川表を止水矢板で仮締切
③ 計画高水位以浅に亀裂発生
  - 亀裂に土砂充填＋遮水シート張り
  - 出水期には部分切返し[*4]

また，水防管理者や水防団長などには水防法のなかで強い権限が付与されてい

---

*4 切返す深さは石灰水（またはグラウト）注入より亀裂の程度を判定して決定する．ただし，本復旧のために亀裂・注入状況を写真撮影しておく

るので，活動時には必要に応じて権限を行使する。なお，水防管理者とは市町村長，水防事務組合・水害予防組合の管理者である。水害予防組合は地方公共団体から独立した地縁的な水防団体で，水防事務組合は水防法改正（S33）に伴って設立された複数市町村に活動範囲がまたがる水防団体で，市町村とは別の水防組織である。

- 水防上緊急の必要がある場所を警戒区域に設定し，区域への立入禁止，区域からの退去を命令することができる……水防団長，水防団員，消防機関に属する者（水防法第14条）
- 区域内の居住者，水防現場にいる者を水防に従事させることができる……水防管理者，水防団長，消防機関の長（水防法第17条）
- 洪水や高潮氾濫による危険が切迫しているとき，居住者に避難指示できる……水防管理者（水防法第22条）

◎参考文献
1) 全国防災協会編：写真と映像で学べる　水防工法の基礎知識，全国防災協会（2008）
2) 国土技術政策総合研究所監修：実務者のための水防ハンドブック，技報堂出版（2008）
3) 末次忠司：河川技術ハンドブック，鹿島出版会（2010）

4.3 災害に影響する流木・土砂

「洪水災害の対策を考える」で記載した山地河川の越水災害は，河道の洪水流下能力の不足だけでなく，上流から運ばれてきた流木や土砂の堆積が影響している場合も多い。すなわち，豪雨に伴って山地で土砂崩れが発生すると，土砂と流木が河道へ流入し，洪水により下流へ運ばれる。とくに橋梁区間では河積が狭いため，土砂が堆積したり，流木が橋脚で閉塞しやすいため，越水を起こしやすい。平成10年8月末豪雨災害の那珂川支川余笹川（H10.8），高知県南西部豪雨災害（H13.9），沙流川（H15.8）などで，橋梁閉塞に伴う水害が発生した。

とくに影響が大きな流木の諸元，流木災害の発生プロセスについて示すと，以下の通りである。

- 大部分の流木は勾配8度（1/7）以上の渓流で発生し，流木量 W（本）は山

写真-4.3 流木による被災状況（那珂川支川余笹川）
土砂崩れに伴う流木群が橋脚で閉塞し，橋梁を流失させた
（栃木県那須町：豪雨災害のつめあと－平成10年8月末豪雨災害の記録，平成12年より）

4.3 災害に影響する流木・土砂

腹崩壊量 C（m^3）に比例し，平均的に $W = C \times 1/8$ 程度である
- 流木の形態は針葉樹（とくにスギ）が6〜7割，幹のみが約7割である。枝は流下過程で大部分がとれてしまう
- 流木の諸元は長さが平均7〜9m（長くて16〜19m），幹径が平均15〜20cm（太くて25〜40cm）である
- 橋梁付近における流木災害の発生プロセス
  ① 洪水により運ばれた草や小枝などが橋脚に絡まって，ダルマ状に堆積する
  ② 上流からの土砂堆積による河床上昇とあいまって，河積が狭くなって洪水位が上昇する
  ③ 洪水が波打ち，流木が橋桁に押しつけられて，数本の流木が引っかかる
  ④ この流木に後続の流木が次々に滞留し始めて，橋脚間を閉塞させる

流木対策としては，山腹崩壊を少なくするといった発生源対策（植林，樹木管理）もあるが，橋梁区間における対策がもっと重要である。最初の発生原因が橋桁における流木の滞留であるので，流木が橋桁に引っかからないようにすることが重要で，橋桁の上流側に横断的に見て斜めの平板を設置して，流木がすべっていくようにする。また，橋脚の平面形状を円形ではなく，小判形にする（洪水流下にも良い）のが良い。一方，ダム貯水池における堆砂や流木の集積はダムにとっては問題であるが，下流河道に対しては土砂・流木の影響を緩和する機能となる。

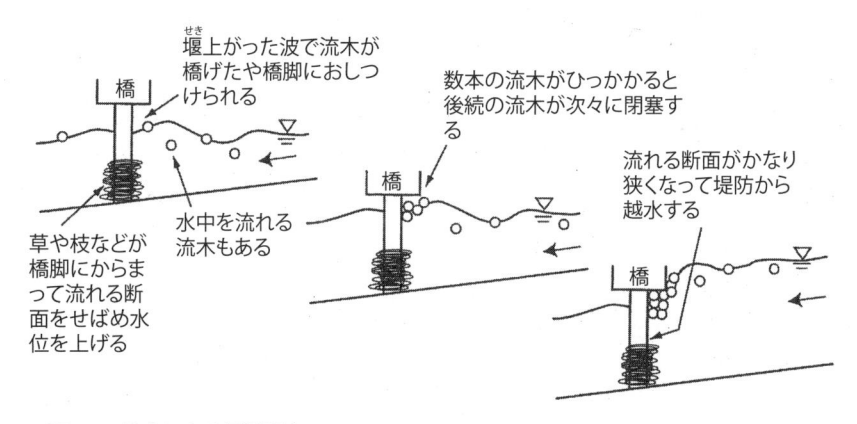

図-4.4 流木による河道閉塞
橋脚にからまった草や枝が水位を上昇させ，流木が橋桁や橋脚にひっかかりやすくなる

第4章 洪水災害と水害

　ところで，扇状地河川の河道管理では樹林化が問題となっているが，樹林化の原因の一つは洪水流により樹木が流されなくなったことである。樹木の流失を解析により検討する場合，従来樹木の倒伏モーメントを実測して，計算した洪水流の流体力から倒伏を判定していた。しかし，この方法だと実際の現象をうまく説明できない。なぜなら，洪水時は樹林に流木や枝・草などが絡み合って洪水流を受ける投影面積（流下方向に見た面積）が非常に大きくなって，絡んでいない時以上に大きな流体力になるからである。現地調査の結果によれば，流木などにより，投影面積は10倍にもなることがあった。したがって，解析により樹林の倒伏・流失を計算する場合，樹木群の上流側や河岸際の樹木については，流木などによる投影面積の増加を考慮する必要がある。

◎参考文献

1) 水山高久，石川芳治，福澤誠：平成元年9月愛知県伊香川土石流・流木災害調査報告書，土木研究所資料，第2833号（1990）ほか
2) 末次忠司：図解雑学 河川の科学，ナツメ社（2005）
3) 末次忠司・岩本裕之・田原英一ほか：ダム貯水池の大規模土砂流入対策，ダム技術，No.280（2010）
4) 服部敦・瀬崎智之ほか：植物群落の変化，千曲川の総合研究（2001）
5) 末次忠司：河川の減災マニュアル，技報堂出版（2009）

4.4 水害被害の概要を知る

　死者・行方不明者数が1 000人以上の水害は20世紀に9回発生しているが，昭和34年9月の伊勢湾台風以降はそうした巨大水害は発生していない。戦後までは国土が荒廃していたこともあって，全国的な規模の水害が発生した。その後も堤防やダムなどの治水施設の整備が不十分であったなどの理由で，昭和47年7月水害までは全国規模の水害が発生した。皮肉なことに，全国規模の水害が発

写真-4.4　伊勢湾台風災害による被災状況
洪水氾濫に加えて，高潮に伴う貯木場からの流木が被害を助長した
（毎日新聞社提供）

第4章　洪水災害と水害

表-4.2　20世紀における巨大水害

発生年月 水害名	死者数 被災家屋数	水害の概要
M43.8 明治43年水害	1 379人 443 000棟	東海・関東・東北地方など，全国で被害が発生した。とくに関東では利根川が破堤し，東京に氾濫が及んだ。水害を契機に第一次治水計画が策定された他，機械化された大規模改修工事が全国的に開始された
S9.9 室戸台風	3 066人 624 704棟	史上最低気圧（912hPa）と強風により，小学校の倒壊で教員・生徒750名が死亡した他，四天王寺の五重塔が倒壊するなど，近畿地方を中心に被害が発生した。被災家屋数は歴代1位である
S20.9 枕崎台風	3 746人 446 897棟	広島（死者数の半数）を中心に，関東以西で大きな被害が発生し，伊勢湾台風に次いで死者数が多かったが，戦争直後であまり報道されなかった。この年は台風の他，戦争の影響，阿久根台風（S20.10）により，明治35年以来の大凶作となった
S22.9 カスリーン台風	1 930人 394 041棟	典型的な雨台風により，関東・東北地方に被害をもたらし，群馬県赤城山などでは土石流などで592名が死亡し，利根川新川通（埼玉）の破堤では東京まで氾濫被害を被り，14.5万戸が浸水し，約70億円の被害が発生した
S28.6 梅雨前線豪雨	1 013人 472 013棟	九州北部全域で500mm以上の豪雨となり，筑後川・白川・菊池川などで甚大な被害が発生した。28年災害に対して，28本の災害特別立法が組まれた。この年は和歌山の南紀豪雨などもあり，年間水害被害額の3兆円以上は未だに歴代1位である
S28.7 南紀台風	1 124人 96 308棟	
S29.9 洞爺丸台風	1 761人 133 700棟	函館港外で台風通過を待っていた洞爺丸が浸水し，暴風・高波で転覆・沈没，1 155名が死亡した。タイタニック号に次ぐ船舶災害となり，この災害を契機に青函トンネルの実現が加速した
S33.9 狩野川台風	1 269人 526 000棟	とくに伊豆半島の狩野川流域では15箇所で破堤被害が発生した。これまで水害が少なかった東京の台地が被災し，「山の手水害」とも呼ばれ，東京では27万戸が浸水した
S34.9 伊勢湾台風	5 098人 557 501棟	高潮に運ばれた貯木場の貯木が家屋を破壊し，更に流木を増やすなどして，高潮により9割の犠牲者が発生した。高潮・氾濫・強風により，最多の死者数と多数の被災家屋数を記録した

＊　表中の死者数は死者・行方不明者数を表す

生しなくなった昭和47年以降に，水害裁判の提訴が増加した。表-4.2中，死者数および被災家屋数の上位2位を☐で示した。

　戦後の水害被害の傾向を見ると，水害による死者・行方不明者数や被災家屋数はほぼ一貫して減少している。しかし，水害被害額はここ50年間減少傾向にはない。この理由を「大型台風が来襲しなくなったから」と説明する防災の専門家

4.4 水害被害の概要を知る

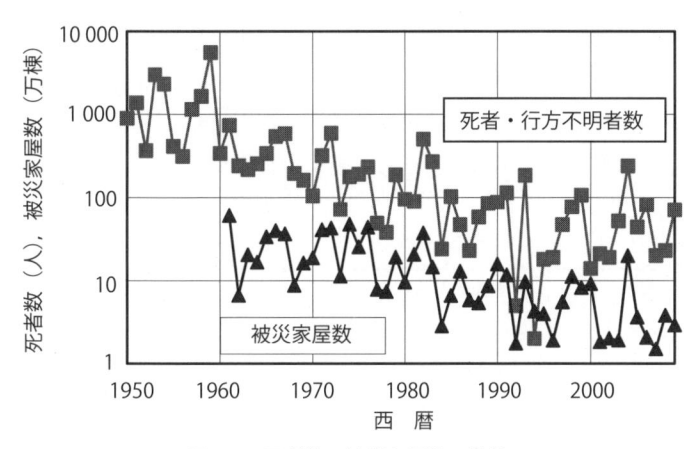

図-4.5 死者数・被災家屋数の推移

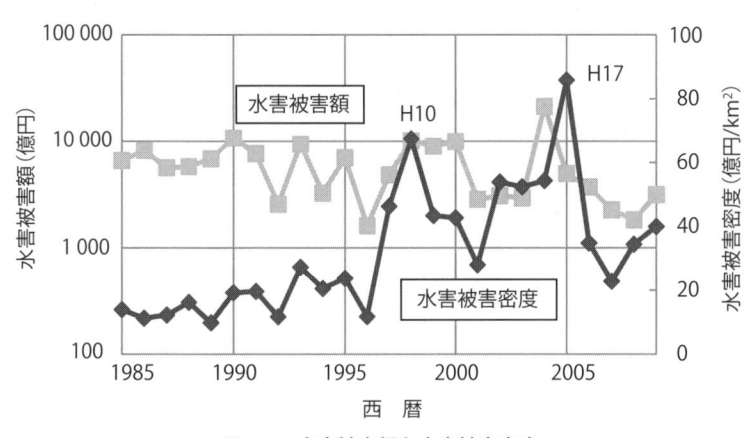

図-4.6 水害被害額と水害被害密度

がいるが，これは間違いである。戦後の台風を分析すると，大型台風の数は若干減少しているものの，台風自体の最低気圧・総雨量・最大風速は必ずしも規模が小さくなっていないからである。すなわち，近年治水施設が整備され，警報等の情報伝達が進んだため大水害や人的被害は減少したが，代わって都市水害の発生が増加したために，水害被害の傾向が変わってきたのである。被害の集中度を表す水害被害密度[*1]で見ても，平成7年までは徐々に増加していたが，平成8年

[*1]「水害被害密度＝家屋・事業所の水害被害額／農地を除いた浸水面積」で定義され，平成9年以降変動幅が大きくなった。とくに平成10年，平成17年の被害密度が大きい

第4章　洪水災害と水害

以降は大きく変動しながら，福島県郡山市や水戸市が被災した平成10年は68億円 $/km^2$，都内の杉並区・中野区が被災した平成17年も86億円 $/km^2$ という大きな水害被害密度を記録した。浸水面積は小さいものの，人口や産業が集積した都市域において都市水害が発生したことが水害被害額が減少しない理由である。

◎参考文献

1)　力武常次，竹田厚 監修：日本の自然災害，国会資料編纂会発行（2007）
2)　栗城稔，末次忠司：戦後治水行政の潮流と展望，土木研究所資料，第3297号（1994）

第5章
破堤氾濫と対策

5.1 破堤原因を見分けるテクニック

　破堤はさまざまな要因が関係しているため，その原因を特定するのは容易ではない．本節では破堤原因を見分けるために現地で行うべき調査項目と解析項目について示している．現地調査にあたっては，下記以外に堤体・堤内地の土質，堤体内の空洞・異物についても調査しておく必要がある．

＜現地調査項目＞

- 破堤箇所上下流の越水状況
　洪水位の痕跡：付近で堤防高の高い区間や山付き部における洪水痕跡を調べる
　堤防高変化：上下流の堤防高が高くないか
　　両者の関係よりかなりの確度で越水の有無を推測することができる
　天端・裏のりの侵食：越水すると，降雨によるガリ侵食以上に大きな洗掘となる．小段や裏のり尻における洗掘は越水によるものが多い
　植生の倒伏：相当な豪雨でないと，降雨で植生は倒伏しないので，倒伏していると越水した可能性が高い
- 耐越水性の確認
　裏のり植生の状況：植生の繁茂が良好か否か
　裏のりの不陸：のり面上の凹凸がないか
　堤内地舗装：裏のり尻が舗装されているか
- 耐浸透性の確認
　パイピング：継続時間が長い洪水か（噴砂あり）
　ボイリング：被覆土層は厚いか（噴砂なし）
- 耐侵食性の確認
　表のり・河岸の侵食：上下流に侵食の痕跡があるか
　河岸沿いの深掘れ：深掘れに伴って侵食が発生することは多い

堤外地の植生の状況：植生の繁茂が良好か否か

堤外地の植生の状況：植生が堤防方向に倒伏しているか（堤防に向かう洪水流か）

- その他

  目撃証言：明確で具体的な証言は原因特定に結びつくが，誤った証言は原因特定を一層難しくする場合もある[*1]。一般住民だけでなく，水防・工事関係者などの証言を多数収集できれば，時空間的な状況想定に活かされる

＜解析項目＞

堤防の浸透，侵食作用に対する安全性の照査方法については，「河川堤防の構造検討の手引き」[2]に書かれているが，越水も含めて，照査の概要を示せば，以下の通りである。解析は時間を要するので，上記した現地調査を先行的に行いながら，同時並行で解析を行うようにする。

- 耐越水性の確認
  ① 越流水によるせん断力＜裏のりの耐侵食力
- 耐浸透性の確認
  ② パイピング破壊：局所動水勾配＜0.5……被覆土層なし
  ③ 揚圧力破壊：揚圧力＜被覆土層の重量……被覆土層あり
  ④ すべり破壊：すべり安全率＞a
- 耐侵食性の確認
  ⑤ 侵食外力＜表面侵食耐力 or 滑動に対する安全性

参考までに，平成16年水害が発生した4河川における解析結果を示すと，表-5.1の通りである。なお，表中で①欄の×とは越流水のせん断力が裏のりの耐侵食力を上回り，越水が原因で破堤したことを意味している。円山川の①④欄は越水により堤体裏のりが洗掘されたが，破堤には至らず，その後水位が天端以下となった段階で，浸透により破堤したことを表している。

[*1] 平成16年水害では，越水時に越流水が小段やのり尻に衝突して，植生の影響もあって生じた飛沫群を見た住民等が堤体やのり尻から水が噴出（漏水）していると勘違いした事例があった。これは，遠くからだとのり面上を水が越流しているように見えないことが多いからである

第5章 破堤氾濫と対策

表-5.1　破堤原因の解析結果

河川名（発生年月）	①	②	③	④	⑤
刈谷田川（H16.7）	×	—	○	○	○
五十嵐川（H16.7）	×	—	△	○	○
足羽川（H16.7）	×	○	—	○	○
円山川（H16.10）	×	○	—	○→×	○

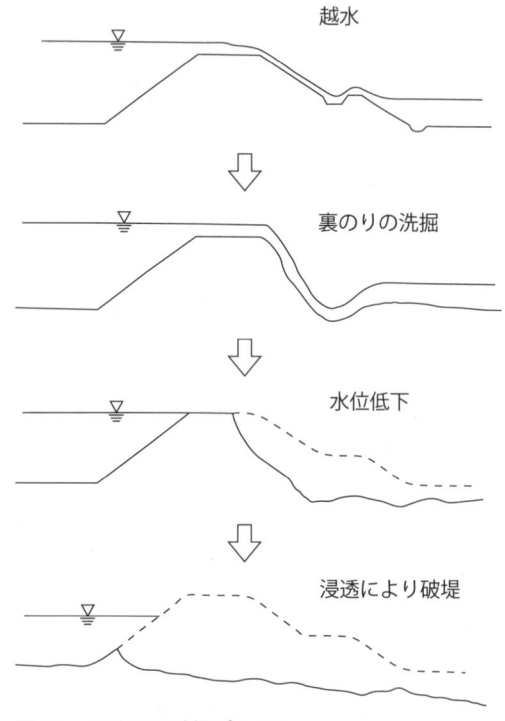

図-5.1　円山川の破堤プロセス

越水により裏小段などが洗掘され，堤体の2/3が流失した．しかし，破堤はその後の浸透により生じた

◎参考文献

1) 末次忠司，菊森佳幹，福留康智：実効的な減災対策に関する研究報告書，河川研究室資料（2006）
2) 国土技術研究センター：河川堤防の構造検討の手引き（2002）

5.2 破堤による地形変化

「洪水災害を見る」で書かれた破堤プロセスのように，破堤は時間的に進行していく。破堤幅の時間変化を見ても，破堤直後に大きく広がり，その後時間的に徐々に拡大していくケースが多い。長良川のように破堤前の洪水継続時間が長いほど，堤体の湿潤度が高くなり，堤体が弱体化して破堤直後の破堤幅が大きくなる傾向にある。最終破堤幅 B_b（m）は実際は大きくばらつくが，便宜的に

- 合流点付近の場合，$B_b = 2.0 \times (\log_{10}B)^{3.8} + 77$ (1)
- 合流点以外の場合，$B_b = 1.6 \times (\log_{10}B)^{3.8} + 62$ (2)

のように川幅 B（m）の関数で表すことができる。合流点か否かで関数が異なるのは，合流点では合流前より川幅が狭かったり，合流に伴って流れが乱れる場合があるなど，越水可能性が高く，破堤幅が大きくなる傾向があるからである。なお，侵食営力が大きな急流河川（河床勾配 $I > 1/300$ 程度）では緩流河川以上に大きな破堤幅になることがあるので，川幅との関係は

- $B > 100$m の場合，$B_b = B$
- $B \leq 100$m の場合，上記した式（1），（2）を用いる

の関数を用いるようにする。

破堤形状を見ると，以下のような特徴がある。

- 平面的には川側から見て，「八の字」に近く，洪水流が縮流するため，上流の堤外地が侵食される場合がある
- 鉛直方向の地形変化は落堀の発生による。落堀は越流水の落下エネルギーによる洗掘ででき，最深部は堤外地にできることが多いが，河床材料が粗砂の場合や，越流時間が長い場合などは堤内地にできることもある
- 落堀の深さは堤防高程度であるが，土質や高水護岸が破堤後に残存するかどうかも影響する。大きな水害の最大洗掘深で見ると，揖斐川支川牧田川（12m）を除いて，4～5m が多い

落堀などの深掘れの位置と深さは「緊急的な災害復旧」で記述する復旧方法な

第 5 章　破堤氾濫と対策

写真-5.1　破堤部の形状（新潟 刈谷田川）
堤防のり線とほぼ直角方向に破堤（破堤幅 50m）が生じたが，両脇に高水護岸が残った．堤防直下から堤内地にかけて，最大 2m の深さの落堀が形成された（写真の池部分）
(7.13 新潟豪雨洪水災害調査委員会：7.13 新潟豪雨洪水災害調査委員会報告書，平成 17 年，p.46 より)

どに影響してくる．すなわち，仮締切り堤防を施工する場所は深掘れが少ない場所が選ばれるからで，また深掘れの深さは仮締切りの必要土量に影響してくる．

◎参考文献

1) 栗城稔，末次忠司，海野仁ほか：氾濫シミュレーション・マニュアル（案），土木研究所資料，第 3400 号（1996）
2) 国土交通省北陸地方整備局：急流河川における浸水想定区域検討の手引き（2003）
3) 7.13 新潟豪雨洪水災害調査委員会：7.13 新潟豪雨洪水災害調査委員会報告書（2005）

5.3 破堤すると，こう氾濫する

　多くの中小河川データを含めると，破堤原因は越水が7～8割と多い。越水すると裏のり尻が洗掘され，不安定となった堤防は土塊状に崩落し始め，最終的に破堤に至る。越水してから破堤するまでの時間は，0～40分が約4割，40分～2時間が約4割と幅があり，堤体断面積が大きいほど，破堤するまでに長い時間を要する。10分前後の速い破堤もあれば，1時間程度要する破堤もあるが，安全側で見てすぐ破堤すると考えておいた方が良い。

　堤防が破堤すると，氾濫流が拡散しながら流下するため，破堤箇所付近では速いが，ある程度（300～400m）広がると流下速度はほぼ一定となるか，氾濫原勾配の減少に応じて減少する。一定となった氾濫流の伝播速度は黒部川のような急勾配流域では時速3～5kmになるが，それ以外の流域ではおおむね時速1kmである。この速度を知っておけば，避難速度との関係で安全な避難をすることができる。浸水中の避難速度は浸水深がひざ下（50cm以下）で時速1.6km，浸水深がひざから腰まで（50cm～1m）で時速1.1kmであるが，女性や子供の場合はもっと遅い。浸水中を安全に避難できるのは，成人男性で50cm以下，小学校

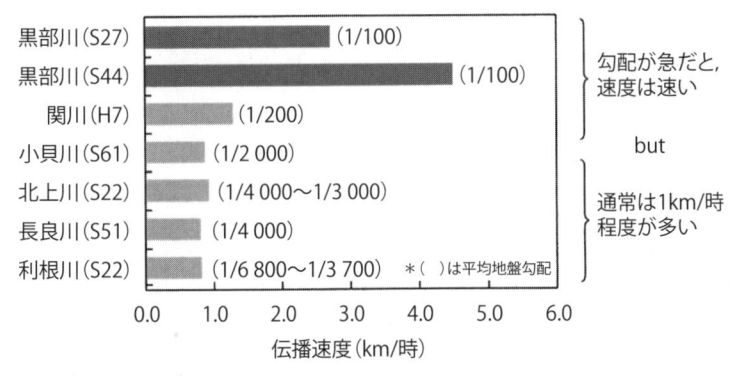

図-5.2　氾濫流の伝播速度
急勾配流域や破堤箇所近くを除いて，伝播速度はおおむね時速1kmである

第 5 章　破堤氾濫と対策

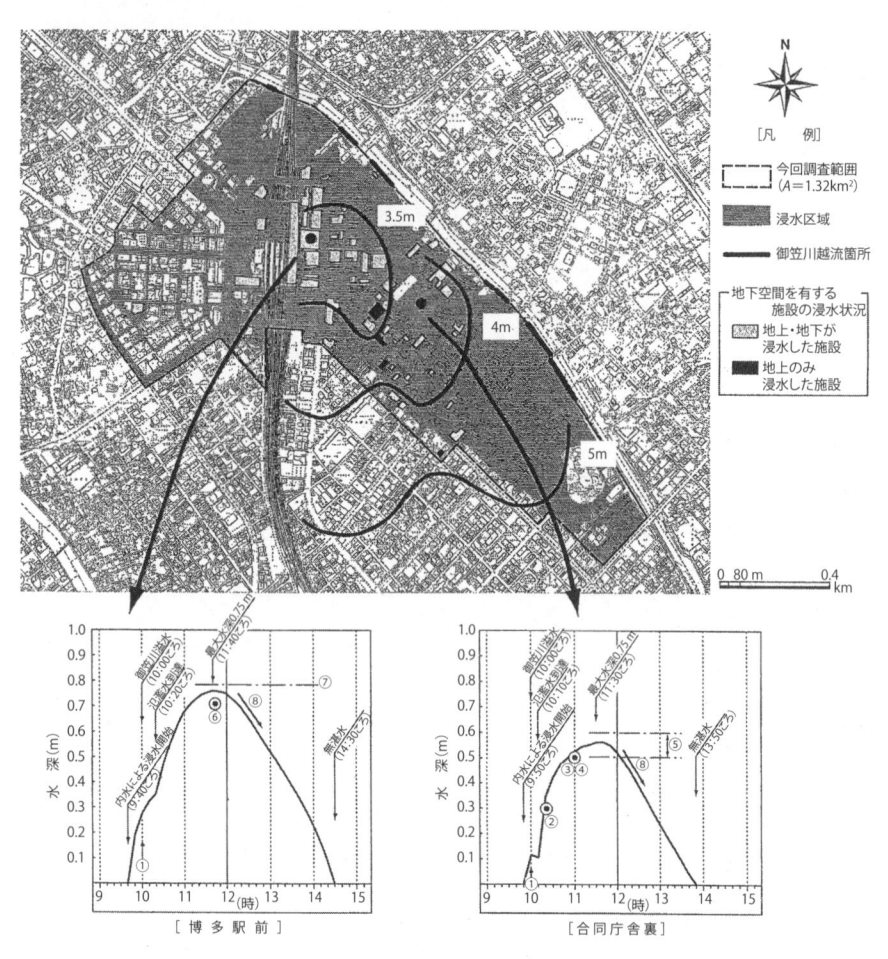

図-5.3　氾濫水の上昇速度
博多駅前における浸水の上昇カーブは2段階で，最初が下水氾濫，次が河川氾濫であるが，
上昇速度は何れも 10 〜 20cm/10 分であった

高学年で 20cm 以下である。一方，浸水の上昇速度は福岡水害などの事例などから，おおむね 10 〜 20cm/10 分であり，内水でも外水と同じくらい速い速度で上昇する場合がある。以上のことより，避難速度に比べて意外と氾濫流の速度が遅いことがわかるのではなかろうか。

これに対して，破堤箇所付近の氾濫流速は従来不明であったが，国総研が

5.3 破堤すると、こう氾濫する

FDS（流束差分離）法を用いて行った解析により明らかとなった。一般的な氾濫解析では、破堤箇所からの氾濫流量を境界条件にして、堤内地における氾濫解析を行う。すなわち、洪水流と氾濫流を別個に解析するが、FDS法は洪水流と氾濫流を一体的に扱える方法で、平成16年7月に梅雨前線豪雨により発生した信濃川支川刈谷田川（中之島）の破堤氾濫流に適用された。解析結果は実績浸水深、家屋の損壊時刻などとの比較により精度が高いことが立証された。解析結果により、破堤箇所付近では

- 伝播速度は時速4.5〜6kmであった（破堤2分後の氾濫範囲から見て）
- 氾濫水は到達直後瞬時に50〜70cm上昇し、その後25〜40cm/10分の速度で上昇した（破堤箇所から150m以内の地点で見て）

ことなどがわかり、とくに氾濫水の到達直後の水位上昇は想像した以上で、破堤箇所近くでは段波状に伝播していることが分かった。また、前述した下線部の速度と比較すると、伝播速度が約5倍、上昇速度が約2倍と非常に速い氾濫現象である。

写真-5.2 刈谷田川における氾濫状況
破堤箇所近くでは氾濫水の上昇が速く、短時間で河道水位と等しくなるため、越流形態は潜り越流となる
(写真提供：新潟日報社（7・13水害－長岡・三条・見附・栃尾・中之島－より））

第5章 破堤氾濫と対策

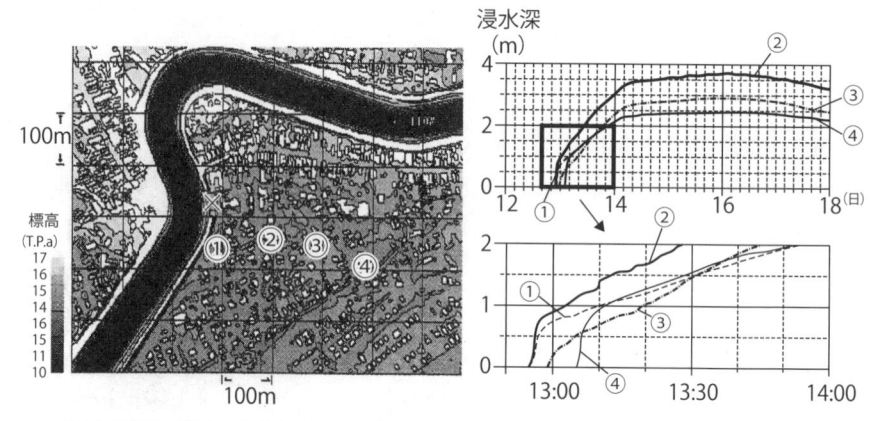

① 家の時計が13:05で止まっていた。
② 鉄砲水が家の中に飛び込んできて水はすぐ2階近くにまで達していた。
③ 泥水が来て3分もしないうちに畳が浮いた。
④ 午後1時頃に道路から水がはけないことに気づいた。2階なら安全だと思い，避難したが，まもなく保育所一帯は2階の高さまで冠水した。

図-5.4 破堤箇所近くの氾濫水の伝播・上昇
氾濫水の到達直後を見ると，氾濫水が段波状に伝播していることがわかる

◎参考文献

1) 末次忠司：河川堤防の耐越水性向上について，水利科学，No.317（2011）
2) 栗城稔・末次忠司：自然災害における情報伝達 関川豪雨災害（1995年），土木学会誌（1996）
3) 末次忠司：河川の減災マニュアル，技報堂出版（2009）
4) 国土交通省ホームページ

5.4 地下で浸水に遭遇したら

　平成 11 年に福岡市（H11.6），新宿区（H11.7）の地下室で，相次いで浸水により死亡するという災害が発生した。当時の新聞は「近来まれに見る災害」と報道した。しかし，地下水害を研究していた著者にとっては，「また起きたか」という印象であった。最初の地下鉄災害は昭和 48 年 8 月に名古屋市営地下鉄名城線の平安通駅で発生したし，地下街災害に至っては昭和 45 年 11 月に八重洲地下街で発生していたからである。

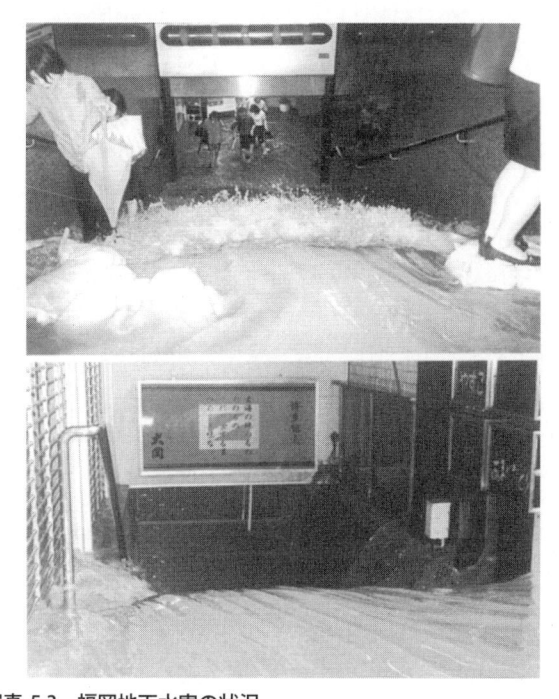

写真-5.3　福岡地下水害の状況
浸水は地下施設へ 1m/s 以上の速度で流下するため，階段をのぼるのは非常に危険を伴う
（国土交通省九州地方整備局提供）

第5章 破堤氾濫と対策

＜地下鉄，地下街の場合＞

　地下施設では地下鉄の浸水被害が多い。これは地下への出入口に加えて，高さの低い換気口から雨水が流入するからである（地下街の換気高は高い所に設置されている）。都市部の歩道を歩いていて，歩道面に見られる鉄製のグレーチングが換気口である。換気口には浸水の流入を防ぐ浸水防止機（手動，自動）が設置されている箇所もあるが，ない箇所は歩道面以上に湛水すると雨水が流入してしまう。日本ではそれほど規模の大きな地下鉄被害は発生していないが，海外の地下鉄被害を見ると，

- 韓国の首都ソウルでは平成13年7月にソウル市地下鉄1，2，3，7号線の5駅で浸水被害が発生し，3日間にわたって37駅で運行が中断した。とくに7号線では近くを流れる河川が氾濫し，氾濫水がホームへ流入した
- チェコの首都プラハでは昭和14年8月に地下鉄3路線が水没し，復旧に半年を要する大きな被害が発生した

などの大きな地下水害が発生している。

　平成15年7月に福岡で地下水害が発生した，また平成16年水害において多数の高齢者が被災した。これらの水害被害を受けて，平成17年7月に水防法が改正され，地域防災計画に定められた地下街等の管理者は避難確保計画を作成することが義務付けられた。地下水害の状況は洪水ハザードマップにも掲載された。名古屋市が作成した「天白川洪水ハザードマップ」には地下鉄（鶴舞線，桜通線，名城線）における予測浸水状況が

- 線路面まで浸水する
- ホームまで浸水する
- ホームの天井まで浸水する

のように記載されている。予測浸水深は当該駅の出入口からの浸水と，他駅からトンネルを通じて流入してきた浸水の両者の深い方を表示している。また，京都駅前の地下街ポルタでは，地下街浸水時避難計画書が作成されるとともに，地下街の施設マップに浸水時の避難に用いる安全な出入口が表示された。

　地下施設を管理している事業者，また万一地下施設にいて浸水に遭遇した利用者は，地下水害に対して，以下の点に留意する必要がある。

5.4 地下で浸水に遭遇したら

表-5.2 地下施設の被害状況

＜地下鉄の被害＞

被災箇所	被災状況の概要
名古屋市営名城線他 S48.8.4	80mm/h の豪雨により，名城線の平安通駅では軌道面上 1.2m（ホーム面上 40cm）まで浸水した。中村日赤駅では 70cm，大曽根駅等では 30cm 浸水した
都営浅草線 S60.7.14	68mm/h の豪雨による道路上湛水が引上線開口部より西馬込駅構内に侵入し，内水被害が発生したが，防水ゲート・土のうにより浸水流入を軽減した
京阪電鉄三条～五条 S62.7.15	70＋78mm/h の豪雨により，鴨川支川から越水した水がバイパス水路および幹線下水暗渠へ流入し，換気口・ダクトを通じて駅構内へ侵入した。1万人以上の乗客に影響した。同年には都内の都営浅草線や営団丸ノ内線でも被害が発生した
営団丸ノ内線 H5.8.2	台風 11 号による豪雨と溜池山王駅の工事により，赤坂見附駅の 3・4 番線がホーム直下まで冠水した。これに伴い，乗り入れている銀座線も運行不能となった
福岡市営 H11.6.29	77mm/h の豪雨による下水道・河道からの越水で博多駅が浸水し，約 4 時間（80 本）不通となった。隣の東比恵駅では防水板設置により浸水被害を防止できた。同年には都内の営団半蔵門線・銀座線でも被害が発生した
名古屋市営名城線他 H12.9.11-12	93mm/h の豪雨により桜通線野並駅，鶴舞線塩釜口駅など 4 駅が浸水し，最大で 2 日間不通となり，40 万人に影響した。とくに名城線の平安通駅ではホーム面上 90cm まで浸水した
福岡市営 H15.7.19	25mm/h（上流の太宰府は 99mm/h）の降雨により，御笠川・綿打川から越水し，JR 博多駅で最大約 1m 浸水した。浸水の地下鉄への流入により，23 時間にわたって，331 本の運行が停止したため，10 万人に影響した
東京メトロ南北線 H16.10.9	台風 22 号に伴う 68.5mm/h の豪雨により，古川が氾濫し，河川に近い麻布十番駅のコンコース広場などが浸水した

＊ 被災状況の概要を見ると，時間雨量 70mm 以上が地下水害発生の目安となっている

＜地下街の被害＞

被災箇所	被災状況の概要
東京駅八重洲地下街 S45.11	河川の水圧で工事用防水壁が壊れ，水が侵入した
新宿歌舞伎町サブナード S56.7.22	地下 1 階の商店街約 3 000m^2 が冠水し，16 店舗が床上浸水するなど，最高 30cm 浸水した。地下 2 階の駐車場に水を落とし，駐車場の排水設備で排水した
名古屋市セントラルパーク地下街 S58.9.28	68mm/h の降雨により，接続する名鉄瀬戸線の栄橋より浸水が流入し，地下街で内水被害が発生した。名鉄には防水板があったが，短時間で浸水が始まったため，設置できなかった
博多駅地下街・天神地下街 H11.6.29	77mm/h の豪雨により，浸水が流入して被害が発生した。博多駅地下街では天井からの漏水等により商品被害が発生したが，浸水は階下の地下貯水槽（漏水対策用）に排水されたため，浸水被害を軽減できた
渋谷地下街 H11.8.29	114mm/h の豪雨により，地下鉄に通じるコンコースに浸水が流入し，一時ひざ近くまで（約 30cm）浸水した
博多駅地下街 H15.7.19	25mm/h（太宰府は 99mm/h）の降雨により，御笠川・綿打川から越水し，氾濫水の流入により，地下街が浸水した
名古屋駅前ユニモール H20.8.29	84mm/h の豪雨により，86 の専門店の約 1/3 が浸水し，営業停止した。ユニモールは S46.7，H12.9 にも浸水した

第5章 破堤氾濫と対策

【事業者の場合】

- 利用者を安全に出入口方向に避難・誘導する。誘導は水の流れに逆らわない方向に行う
- 地下への出入口に防水板（なければ土のう）を設置して，浸水の流入を減らす
- ビルのフロア下に漏水対策用の地下貯水槽がある場合，浸水排除に利用する
- 商品ケース・設備が流れないように固定する
- いよいよ浸水危険性が高まってきたら，従業員を安全に避難させる

【利用者の場合】

- 地下鉄で駅と駅の間で停車した場合，線路脇に高圧電流が通っている場合があるので，絶対線路に降りない。駅と駅の間隔は平均して1km（都心部で500m程度）であるので，落ち着いて係員の指示・誘導を待つようにする
- 出入口の間隔はそれほど離れていないので，水の流れに逆らわない方向に進み，最寄りの階段より地上へ避難する（水の流れに逆らって進むと，流れにより転倒する場合がある）
- 店舗の商品や設備が流れてきて危険な場合があるので，衝突してケガをしないように注意する
- 階段を通じて浸水が速い速度で流下してくるので，手すりにつかまり転倒しないようにゆっくり移動する

＜地下室の場合＞

　地下鉄や地下街では浸水が流入しても，床面積が広いため，地上で相当大規模な氾濫がないかぎり，地下で大きな浸水となることは少ない。一方，地下室は狭い空間のため，浸水が流入するときわめて短時間で水位上昇する危険性がある。土木研究所が行った実験結果によると，地下室で浸水深がHになるまでの時間Tは式（3）のようになり，A/Bがパラメータとなる。この式を用いると，地下室の天井（$H = 3m$）まで浸水が達する時間は，$A/B ≒ 20m$（福岡相当）の場合で約13分，$A/B ≒ 50m$（新宿相当）の場合で約17分と非常に短時間であることがわかる。したがって，地下室に水が流入してきたら，ただちに避難しないと

5.4 地下で浸水に遭遇したら

生命に危険がおよぶ可能性がある。なお，福岡水害（H11.6）の時に，外開きのドアは水圧に抵抗して開けなければならないため，内開きのドアに比べて危険であると言われたが，その後の検討の結果，あまり相違はないことが分かった。なぜなら，内開きのドアではドア溝に入るラッチに水圧が作用して，ドアノブを回しにくくするためである。

$$Q = 2.3 \times B \cdot h(t)^{1.8} \tag{1}$$
$$V = A \cdot H = \int Q dt \tag{2}$$
$$T = 3.0 \times (A/B \cdot H)^{0.35} \tag{3}$$

式中で A は床面積（m²），B は総出入口幅（m），H は地下室の浸水深（m）である。また，式（1）では地上の浸水上昇速度は既往の実績である 10～20cm/10 分より，20cm/10 分に設定している。

地下ビルの地下室では，出入口に 20cm 程度のステップを設けると，10 分程度浸水の流入を遅らせることができる。また，地下鉄と同様に，防水板の設置は有効となる。一般家庭の地下室では，対策はほとんどとられていないが，いざという時，非常階段（はしご）は有効となる。

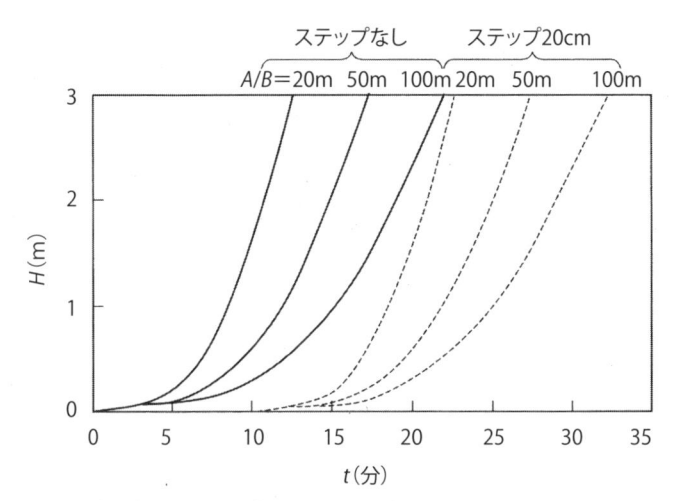

図-5.5　地下室における浸水深上昇
地下室は床面積が狭いため，非常に短時間で水位が上昇する危険性がある

第 5 章　破堤氾濫と対策

◎参考文献

1) 末次忠司：都市型地下水害の実態と対策，雨水技術資料，第 37 号（2000）
2) 末次忠司：地下水害の実態から見た実践的対応策，土木学会 地下空間研究委員会（2000）
3) 末次忠司：河川の減災マニュアル，技報堂出版（2009）

5.5 地下施設の浸水対策

　水は重力に従って流れるため，標高の低い地下施設に流入しやすい特性がある。各地下施設に氾濫水が流入しやすい箇所は**表-5.3**の通りである。表にはあわせて主要な浸水対策も示した。とくに地下街や地下鉄は近隣の地下ビルとネットワーク状に構成されているため，連携した浸水対策が必要であり，1箇所でも対策が施されないと，浸水被害を受ける可能性が出てくる。

　対策箇所で見ると，出入口には段差（ステップ）や防水板が有効であるし，地下鉄の換気口には浸水防止機を設置する。出入口のステップは高さ20cmあれば，浸水の流入を10分程度遅らせることができる。防水板には

- 差し込み式：階段の踊り場等に置かれた防水板を人力で出入口両側の角落としに差し込む。駐車場などの幅が広い場合は，途中に支柱を入れる
- 起ち上げ式（ジャッキ式）：防水板は出入口の床面に収納されていて，床面のペダルを踏むと，油圧ジャッキにより起ち上がる。角落としはなく，出入口両脇に防水板を固定する枠がある

表-5.3　地下施設における主要な浸水対策

施設名	氾濫水の流入箇所→主要な浸水対策
地下鉄	出入口→ステップ，防水板 換気口→浸水防止機（手動，自動） 接続する施設→防水扉，防水シャッター 通路内→防水扉 隧道（トンネル）内→防水扉
地下街	出入口→ステップ，防水板 排気・吸気塔→通常高さが高いので問題ない 接続する施設→防水扉，防水シャッター
地下ビル	出入口→ステップ，防水板，防水扉 フロア下→地下貯水槽
地下室	出入口→防水板，防水扉
共通事項	標高の低い所に排水ポンプ 内部に非常階段（はしご）

第5章 破堤氾濫と対策

写真-5.4 東京メトロ東西線東陽町駅の防水扉
江東デルタにあり，高い浸水に対応できるよう，ステップを高くするとともに，防水扉が設置されている

写真-5.5 都営浅草線〜新宿線馬喰横山駅の連絡通路の防水扉
浅草線からの浸水を防止するために，連絡通路内に設けられている。現地の制御盤で操作し，10分以内で閉鎖可能である

5.5 地下施設の浸水対策

- 電動式：スイッチにより防水板が立ち上がってセットされる

があるが「差し込み式」が多い。設置人数が限られている場合は，「電動式」（価格は起ち上げ式の2～2.5倍）を設置する。自動の浸水防止機は受水槽内のフロートセンサーが30mm/hの雨量を感知すると，自動的にフタを閉める仕組みである。また，江東デルタなど低平地を走る地下鉄などは，浸水がトンネル内に貯まる危険性があるので，鋼鉄製の防水扉で浸水をシャットダウンする必要がある。

◎参考文献

1) 末次忠司：都市型地下水害の実態と対策，雨水技術資料，第37号（2000）
2) 末次忠司：地下水害の実態から見た実践的対応策，土木学会 地下空間研究委員会（2000）

第6章
浸水危険性と情報

6.1 望まれるハザードマップ

　災害のハザードマップには洪水の他に，内水，高潮，津波，土砂災害，火山のハザードマップがある。それぞれのハザードマップの公表数（H23.4時点）は表-6.1の通りである。例えば，住民が地域の水害危険性を知り，避難行動に役立てるために，洪水ハザードマップは重要である。平成16年水害等を受けて，水防法が改正（H17.7）され，洪水ハザードマップの作成・公表が義務付けられた。その結果，公表マップ数は増加し，目標数に対して約8割が作成された。

表-6.1　ハザードマップの公表数

マップの種類	公表数	インターネット公表数	目標数
洪水ハザードマップ	1 173	1 022	1 302
水ハザードマップ	148	122	約500
高潮ハザードマップ	101	79	
津波ハザードマップ	357	249	
土砂災害ハザードマップ	702	510	
火山ハザードマップ	78	52	

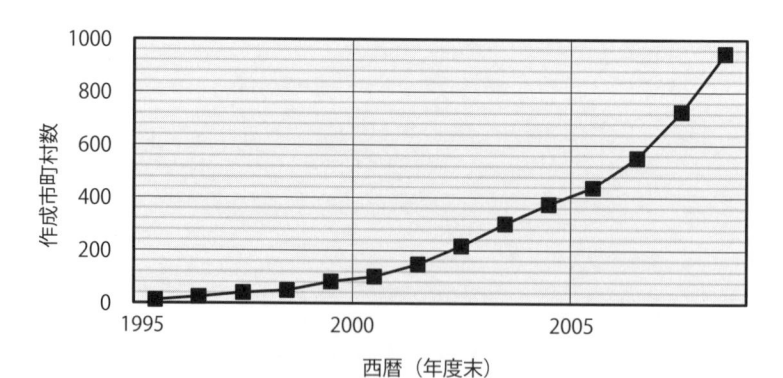

図-6.1　洪水ハザードマップの作成市町村数
H17の水防法改正後に作成数が増加した

6.1 望まれるハザードマップ

＜洪水ハザードマップ＞

　洪水ハザードマップは越水・破堤に伴う氾濫を対象とした想定浸水マップで，現在約1 200の市町村で作成されており，認知率も6％（H14）→ 20％（H16）→ 43％（H18）と年々上昇しているが，平成18年における目標70％には達していない。マップの内容や表示に工夫がなされているものが作成されている一方で，最大浸水深と避難所が表示されているものが多い。今後は危機回避の観点から，① 時間的要素を取り入れたり，② 氾濫原特性に応じた表示内容について検討する必要がある。

① 　洪水ハザードマップが避難に役立つようにするには，浸水するまでの時間の表示が必要である。関川水系洪水ハザードマップ（新潟県上越市）で作成された氾濫水の到達時間分布図などが有効となる。これは仮想破堤箇所からの氾濫水の伝播状況を包絡して，破堤後30分，1時間，……の氾濫水の到達範囲を図示したものである。このマップにより，自宅近くの堤防が破堤した場合，氾濫流が到達するまでにどのくらい時間がかかるか（避難のための余裕時間）がわかるようになっている。同様のマップに，淀川の「洪水にそなえて（高槻市洪水ハザードマップ）」，筑後川の「水害に強いまちづくり構想」などがある。

② 　氾濫原特性から見れば，
- 扇状地などの氾濫原が急勾配の場合：主要箇所で良いので，氾濫流の流速について表示する
- 河川合流点などの閉鎖性流域がある場合：浸水の長期化が予測される地域は，湛水期間も表示する……例）千葉県浦安市 水害ハザードマップのなかで平成12年7月豪雨に伴って発生が予測される内水の継続時間を表示している
- アンダーパスなどがある場合：谷部の凹地形と同様に，局所的に浸水深が大きくなる危険性があるので，マップ中に表示するか，文章で解説を加える

ことが重要となる。加えて，豪雨時にマップが活用されるには，マップが各家庭で保管・保存される必要がある。そのためには次のような方策が考えられる。

- マップと一緒に袋を提供し，折りたたんで袋に入れ，ひもでつり下げても

第6章　浸水危険性と情報

らうようにする
- 地域の行事やカレンダーをつけておくと，壁にはって使ってもらえる
- 公共施設や病院などの住所・電話番号リストをつけておいても良い

　他に，ハザードマップそのものではないが，「まるごとまちごとハザードマップ」と称して，地域住民だけでなく，旅行者や外国人にも地域の浸水危険性を知ってもらう工夫が行われている。洪水関連図記号として，洪水（氾濫の危険性），避難所，堤防の記号を定めるとともに，電柱などに過去の浸水位を表示している地域がある。

＜内水ハザードマップ＞

　一方，被害規模はそれほど大きくないが，発生頻度が高い内水災害に対しては，内水ハザードマップが作成・公表されている。内水ハザードマップは避難時に避難路を選定する場合などに有効となる。公表数は平成23年4月時点で148とまだ少ないが，今後増えていくと思われる。内水ハザードマップは外水と同様に氾濫解析により得られた浸水結果が表示されているものもあるが，平成20年12月に改定された「内水ハザードマップ作成の手引き」では，地形情報や浸水実績により内水浸水を想定する方法が謳われた。この方法には低コストで作成できる「地形解析によるマップ」などがある。これはレーザー・プロファイラー・データより相対的に標高が低い地域などを抽出して，内水に危険な地域を表示するもので，

- 窪み地：平滑化した標高と当該標高の差分より，湛水のしやすさを指標化した
- 地形浸水指数（TWI：Topographic Wetness Index）：集水域面積 A_S と地盤傾斜角 β を用いた $TWI = \ln(A_S/\tan\beta)$ により，TWIが大きいほど内水氾濫を起こしやすいという指標である。元々環境条件として，相対的な湿潤・乾燥の程度（地表流水のたまりやすさ）を示す指標として用いられていた

などの指標を用いて，内水氾濫の危険性を表示している。なお，レーザー・プロファイラーとは航空機やヘリコプターに搭載して標高や地形を計測する装置で，地上に向けて毎秒1～3万回のレーザーパルス（半導体レーザー）を80m～2kmのスキャン幅で照射し，地上から反射してくる光を受光盤でとらえ，その時間から距離を計測して標高を測定するものである。標高データの鉛直精度は±

20cm である。

　内水ハザードマップ（内水）の課題は，従来の洪水ハザードマップ（外水）と現象的にどう異なるかをわかりやすく説明し，表示することである．表示方法については，

- 内水と外水を重ね合わせて表示する → 神奈川県茅ヶ崎市，千葉市，埼玉県川口市，三重県四日市市
- 内水と外水を並記する → 大阪市福島区，大阪市北区
- 内水，外水を地図の表裏に記載する → 福井市（異なる降雨強度に対する浸水域）
- 内水のみを記載する → 三重県四日市市，千葉県浦安市

などがあり，何れの方法が良いではなく，地域における発生頻度（実績），浸水状況（予想）などを勘案しながら，適切な方法を決めていくこととなる．

◎参考文献
1) 末次忠司：河川の減災マニュアル，技報堂出版（2009）
2) 国土交通省都市・地域整備局下水道部：内水ハザードマップ作成の手引き（案）(2009)

6.2 地形でわかる浸水危険性

　地図を見ると，その地域の浸水危険性がわかる場合がある。地図には一般に市販されている地形図や土地条件図，防災機関用に作成された治水地形分類図や水害地形分類図などがある。一般の地形図でも標高の変化・分布や旧河道[*1]の位置などから，浸水の危険性がある程度わかる（「6.1 望まれるハザードマップ」参照）。土地条件図には浸水を起こしやすい三角州や後背湿地が示されている。

- 三角州：低平地で，浸水が発生しやすい箇所である
- 後背湿地：自然堤防の背後にあり，排水性の悪い低平地である。自然堤防とは河川からの氾濫土砂によって形成された微高地である

　また，治水地形分類図や水害地形分類図には河川災害と関係する治水地形が示されている。例えば両分類図には旧河道が示されているし，治水地形分類図には

図-6.2 写真でわかる旧河道
樹林で囲まれた集落横の湾曲した水田群が旧河道である

*1 ある幅を持った水田が湾曲している区間は旧河道の可能性がある

6.2 地形でわかる浸水危険性

落堀が示されている。

- 旧河道：周囲より地盤高が低いため，氾濫水の通り道となりやすい。旧河道が現河道と交差する（旧川締切箇所の）堤防内は砂礫が多いため，基盤漏水が起きやすい
- 落堀：破堤時の越流水のエネルギーによる洗掘箇所（過去の破堤箇所）で，災害復旧時に土以外のものが埋め戻しに使われた場合は，基盤漏水を起こし

表-6.2 氾濫特性から見た氾濫形態の分類

タイプ	氾濫形態	氾濫特性		事例	氾濫の模式図
		氾濫原勾配 平地面積	その他		
拡散型	氾濫水が広がりながら流下するタイプ	小〜中 広い	平野部でもっとも多く見られる氾濫形態で，広い範囲が浸水するが浸水深は貯留型ほど大きくならない	北上川（1947） 小貝川（1981） 刈谷田川（2004）	デルタ or 後背湿地
貯留型	氾濫水が長時間滞留するタイプ	小〜中 様々	地形的に滞留しやすい沼沢地・潟，盛土や周囲地盤により遮蔽された閉鎖性流域（合流点など）で氾濫水が滞留し，大きな浸水深となる	宇治川（1953） 長良川（1976） 円山川（2004）	デルタ or 後背湿地 輪中堤 or 盆地
直進型	氾濫水が大きく広がることなく，ほぼ直線的に流下するタイプ	中〜大 広い	扇状地などの氾濫源勾配が大きな流域では慣性力により直線的に旧河道などを流下する。沿川流下型ほどではないが，氾濫流速は速い	利根川（1947） 黒部川（1969）	ショートカット区間 扇状地 or 自然堤防帯 旧堤 or 自然堤防 旧河道
沿川流下型	氾濫水が堤防沿いを流下するタイプで，氾濫源勾配が緩くなると貯留型に近くなる	中〜大 狭い	狭隘部や河岸段丘などの平地幅が狭い流域でよく発生し，高流速・高水深の氾濫流は家屋流失などの被害をもたらす	三隅川（1983） 余笹川（1998） 沙流川（2003）	谷底平野 or 河岸段丘

［出典］ 山本晃一，末次忠司，桐生祝男：氾濫シミュレーション（2），土木研究所資料，第2175号（1985）に加筆，修正

第6章　浸水危険性と情報

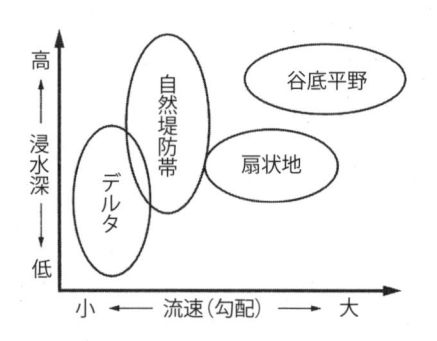

図-6.3　地形特性ごとの氾濫水の流速・浸水深
谷底平野は流速・水深とも大きく，氾濫流が建物を流失する危険性が高い

やすく，堤防強度も低下している場合がある

　氾濫特性は地形特性とも密接に関係し，表-6.2 に示すようにデルタ地形では広範囲に拡散的に氾濫し，扇状地では慣性力により旧河道沿いに直進的に氾濫する．したがって，これらの氾濫特性を用いると，各地形特性ごとに氾濫水の流速や浸水深の分布を示すこともできる．

　道路も氾濫流が流下する危険な通り道となる場合がある．すなわち，家屋が密集している場合，氾濫流が道路に集中して，高速の流れとなるからである．例えば，建物占有率[*2] が70％の場合，建物間（道路）の氾濫流速は建物がない場合の約3倍になる．

＊2　一定面積内に占める建物面積の割合を表す

◎参考文献

1) 藤井壽生・西川肇・工藤勝輝ほか：衛星データを活用した利根川の流路変遷に関する研究，土木学会論文集G，Vol.64，N0.1（2008）
2) 末次忠司：河川技術ハンドブック，鹿島出版会（2010）
3) 末次忠司・武富一秀：洪水ハザードの表現技術（その1），水循環　貯留と浸透，Vol.41（2001）

6.3 無線で情報を収集・伝達する

　市町村は災害に対応するために，迅速に災害情報を収集する必要がある。とくに破堤等の堤防情報や浸水情報などを優先的に収集する。近年町村合併などにより，管轄域が広くなってなかなか末端地域までの情報を収集することが難しくなっていると聞く。また，洪水時は浸水などにより本庁などへの参集が難しい場合がある。そこで，提案したいのは本庁へ参集するのが難しい遠隔地職員は地元の水文・災害情報を収集し，本庁へ伝達する情報収集・伝達係となることである。

　一方，浸水による道路の不通やマンパワー不足など，行政の情報収集能力にも限界があるため，民間の力も利用して面的な情報収集を行う。例えば，各地にいるアマチュア無線家，道路を走行するタクシー無線からの情報は貴重な情報となる。例えば，「平成23年全国調査」結果によれば

- アマチュア無線：岩手県北上市，新潟県上越市，長野県上田市，三重県鈴鹿市，長崎市
- タクシー無線：北上市，上田市，静岡県富士市，岡山県津山市，長崎市

などでは無線を通じた災害情報の収集を行っている。この調査は山梨大学と国交省災害対策室が共同で行った調査で，昭和48年〜平成4年の水害発生箇所数の多い100市町村を対象とした「平成7年全国調査」と同じ市町村を対象に実施したもので，減災に関する28の質問を設定している。

　また，以下に示した市町村のように，協定を締結してタクシーから情報収集している場合もある。協定を締結していると，一層実行力が高くなる。

- 川崎市：川崎個人タクシー協同組合などと協定を締結（H8〜）
- 新潟県三条市：三条タクシー協会と協定を締結（H19〜）
- 名古屋市：名古屋タクシー協会と協定を締結（H21〜）

　なお，近年携帯電話の普及によりアマチュア無線局数は減少しており，過去10年間で携帯電話が3倍以上普及したのに対して，アマチュア無線局はほぼ半減した。

第6章　浸水危険性と情報

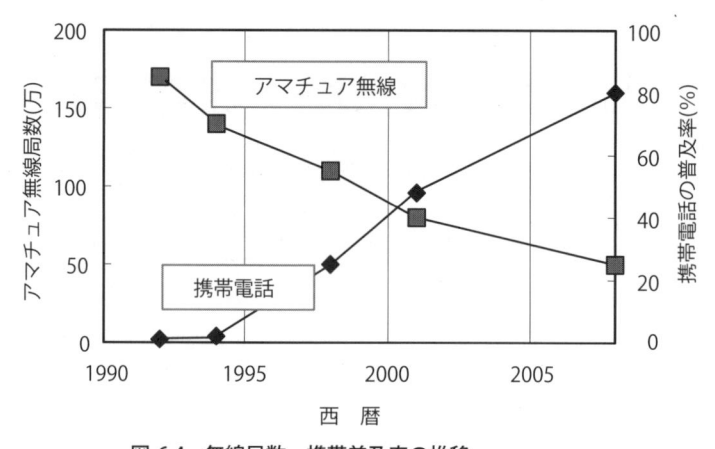

図-6.4　無線局数・携帯普及率の推移
携帯電話の普及に伴って無線局数が減少している

- アマチュア無線局数：170万（92）→ 140万（94）→ 110万（98）→ 80万（01）→ 50万（08）
- 携帯電話の人口普及率：1%（92）→ 2%（94）→ 25%（98）→ 48%（01）→ 80%（08）

しかし，タクシー無線（約20万台）などとともに，災害協定を締結して面的な情報収集に活用すべきである。また，他には自主防災組織の役員や，町内会長などの地元のキーパーソンに無線を貸与して，情報を収集する方法もある。

収集した情報は以下に示すような県・市の災害情報システムなどを通じて，末端の機関まで伝達する。高速一斉FAXなどを用いれば，短時間で伝達できるが，末端の機関へ行くほど，電話による伝達が多い。したがって，管轄範囲が広い場合やツリー状の伝達経路では伝達に長時間を要する場合がある。

- 長崎県　河川砂防情報システム
- 大阪市　危機管理情報システム
- 名古屋市　水防情報システム

注意しなければならないのは，高価な災害情報システムも使いこなすのは結局人間であるため，使い方によって有効であったり，そうでない場合がある。例えば，このシステムを用いて重要な情報が伝達されても，受け手の職員が業務に忙殺されて，情報を見過ごし，的確に対応できなかった場合がある。こうしたミス

6.3 無線で情報を収集・伝達する

をなくすためには，受け手の装置に着信確認ボタンを設け，発信先で受信を確認できるようにしておくことである．

6.4 情報を携帯に伝える

携帯電話の普及に伴って，インターネット上で登録した住民のメールに，市町村から情報が送信される「防災情報メール」サービスが普及している。このサービスは「平成23年全国調査」結果によれば，宮城県登米市，新潟市，愛知県春日井市，兵庫県姫路市，長崎市など，過半数の自治体で実施されている。送信される情報も雨量や水位だけでなく，市町村によっては洪水状況・画像なども対象となっている。例えば，長崎市ではNTTのテレドームを用いて，約3 000人の登録者に災害情報や防災行政無線の内容を知らせている。国交省でも雨量・水位・浸水情報を事務所経由で，登録した人にホームページやメールで知らせる「河川浸水情報配信サービス」を行っている。なお，電話の輻輳状況によってはメールの配信が遅くなる場合もあるが，配信状況が良い場合は有効な情報伝達手段となりうる。

住民間の情報伝達では災害用伝言ダイヤルが有効である。NTT伝言ダイヤルの番号は家族がいない（171）と覚える。KDDIでは外国人向けに英語の伝言ダイヤルサービスを行っている。伝言ダイヤルのかけ方は，プッシュ式電話機[*1]の場合は以下の通りである。

- 171のダイヤル後，「1」，相手の番号を押す
- 次に「1」，「#」を押し，伝言を30秒以内で録音した後に，「9」，「#」を押す
- 相手が伝言を再生する時は，171のダイヤル後，「2」，自宅番号を押す
- 次に「1」，「#」を押すと，伝言が再生される

一方，全国には総人口の2割以上に相当する災害弱者が存在し，とくに70才以上の高齢者は2 070万人（H22.4）もいて，15年前の約2倍に増加している。水害の死者・行方不明者数に占める割合も，70才以上が2～3割と多い。したがって，災害弱者にはそれぞれのタイプに応じた携帯電話等を用いて情報伝達を行う

[*1] ダイヤル式電話機の場合は，上記した「1」，「#」や「9」，「#」を押すことなく，ガイダンスが流れるのを待っておく

必要がある。例えば

- 聴覚障害者：携帯メール，FAX，ポケベルなどを使用して視覚的な情報伝達を行う
- 視覚障害者：受信メールを読み上げる携帯電話を利用してもらう
- 肢体不自由者：フリーハンド用機器を備えた携帯電話を利用してもらう
- 独居老人や寝たきり老人：緊急警報時に自動的に放送を受信する緊急警報放送システム[*2]や緊急通報システム[*3]を用いる

他，市町村は町内会長，民生委員，社会福祉協議会等の多くのチャンネルを通じて災害弱者に情報を伝達する。災害弱者の避難・誘導にあたっては，弱者がどこに居住しているかを示す災害時要援護者リストが必要である。リストの作成方法には市町村や民生委員等が要介護者等に対して，個人情報開示の確認を行い，台帳を自主防災組織役員や近所の人に開示する「同意方式」と，福祉部局のリストを防災部局が活用する「共有情報方式」がある。しかし，「共有情報方式」では守秘義務のある消防職員や消防団員にしか開示できないので，「同意方式」を基本として，「共有情報方式」で補う方法をとるしかない。大阪の藤井寺市では普段活用する簡易版（最低限の個人情報）と，発災時に活用する詳細版を作成して使い分けている。なお，要援護者の避難支援に関しては，「災害時要援護者の避難支援ガイドライン（H17.3）」が出されていて，要援護者の情報管理や避難支援プランの策定について記述されている。

[*2] 緊急警報放送システムはスイッチを切っていても自動的に警報音を発し，内臓型では受信機から自動的に放送が流れてくる。ただし，これまでの放送実績を見ると，津波警報発令時の放送が多い

[*3] 緊急通報システムは急病になった時，ペンダントなどのボタンを押すと，消防機関に通報され，救急車が急行するシステムである。消防機関は協力員にも連絡し，協力員は救急車が到着するまでの間，必要な介護等を行う

◎参考文献

1) 末次忠司・菊森佳幹・福留康智：実効的な減災対策に関する研究報告書，河川研究室資料（2006）
2) 災害応急対策制度研究会：災害時の情報伝達・避難支援のポイント，ぎょうせい（2005）
3) 栗城稔・末次忠司・小林裕明：21世紀に向けた防災レポート（1996）

第7章
避難あれこれ

7.1 避難命令を発令する水位を決める

　避難勧告や指示は洪水位，警報，災害の発生などに基づいて，市町村で発令するかどうかを判断しているが，一般的な基準としては避難注意水位（警戒水位）や大雨・洪水警報が採用されていることが多い。しかし，堤防の整備状況や洪水状況などの地域の実情に沿った発令基準が必要である。平成17年3月に避難勧告等の発令の判断基準を示した「避難勧告等の判断・伝達マニュアル作成ガイドライン」が出されたが，河道特性を表す洪水位上昇速度が過小設定されているなど，いくつかの課題がある。

　図-7.1に示したように，洪水予測結果や過去の水位データと，想定される避難所要時間より，避難勧告・指示の発令基準水位を定める。このようにして求めた基準水位が低すぎる（発令頻度が高すぎる）場合は，堤防を整備する（堤防高を上げる）か，避難所要時間を短縮する方策を考える。現実的には以下に示すような避難所要時間を短縮する案を考えて，再度基準水位を設定する。なお，下記した「一時避難所」を指定している市町村には大阪府八尾市，島根県浜田市などの例がある。

- 情報伝達手法の見直し：防災行政無線（戸別受信機）の設置，CATVやコミュニティFMを通じた情報提供（協定締結），町内会長や自主防災組織の役員への無線機の貸与，アマチュア無線クラブへの協力依頼
- 避難所の見直し：集落に近い避難所の指定（公共機関建物の洗い出し），高層ビルや民家（一時避難所）の指定，将来的には避難所の嵩上げなど
- 住民意識の啓蒙：住民参加型防災訓練の実施，洪水ハザードマップ等の防災マップの作成・公表，パンフレットの作成，講演会の開催

ただし，洪水予測が行われておらず，かつ過去の水位データがない場合は，洪水位上昇速度図を参考に，当該河川の上昇速度を推定し，例えば避難注意水位を発令基準水位にして，避難行動が間に合うかどうかを検討する。実際の検討状況を見ると，上昇速度を過小評価した危険側の設定となっている。なお，避難するの

7.1 避難命令を発令する水位を決める

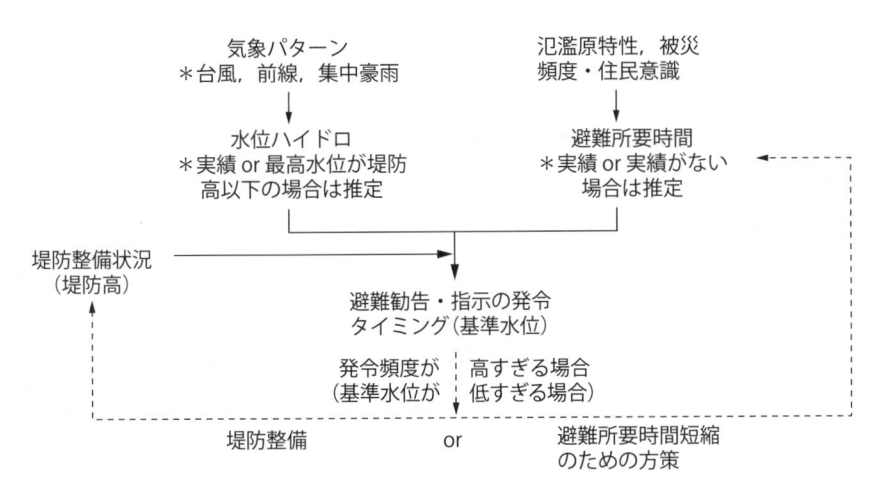

図-7.1 避難命令発令の基準水位設定のフローチャート

"発令頻度が高い（基準水位が低い）場合は，堤防整備を行うか，避難所要時間を短縮して，基準水位を見直す"を繰り返して，適切な基準水位を設定する

表-7.1 避難・水防活動の基準水位

変更前	変更後	水位の基準（目安）	参 考
指定水位	水防団待機水位	計画高水流量の約2割の流量に相当する水位または洪水が高水敷に乗る水位	水防活動の準備水位
警戒水位	避難注意水位	洪水により災害が起きる恐れがある水位または平均低水位から計画高水位までの間の下から5～7割の水位	避難準備情報の発令検討／避難行動の準備水位
特別警戒水位	避難判断水位	氾濫危険水位と情報伝達・避難に要する時間，洪水位上昇速度等を考慮して定めた水位。洪水予報河川以外の中小河川に適用される	避難勧告・指示の発令検討／避難行動を行う目安
危険水位	氾濫危険水位	洪水により相当の家屋浸水等の被害が生じる氾濫が起こる恐れがある水位で，完成堤の場合は計画高水位以下,暫定堤の場合は（堤防高－余裕高）以下と定義される	氾濫危険水位の突破は洪水位が堤防天端より余裕高以内に上昇したことを表す

第7章 避難あれこれ

に時間が足りない場合は，上記と同様に避難所要時間を短縮する方策を検討するなどして，最適な発令基準の設定を行う．

避難・水防活動のために設定された水位は，平成18年10月に以下のように変更されたので，注意する．とくに避難判断水位は避難勧告・指示の発令を検討したり，避難行動を行う目安となる重要な水位である．

地域独自の発令基準の例として，福島県郡山市の例をあげる．郡山市では昭和61年8月水害，平成10年8月洪水を踏まえて，避難勧告等の発令基準として，阿武隈川の水位，上流域の雨量，道路冠水状況を判断項目とした．なかでも，具体的な発令基準として，阿武隈川水位（阿久津地点）を以下のように数値化した．

- 避難指示：避難所要時間を2時間として，計画高水位（8.65m）の2時間前に発令（7.4m）
- 避難勧告：避難指示の1時間前に発令（6.8m）

また，新潟県三条市は平成16年7月に五十嵐川の破堤に伴う甚大な氾濫被害を受けた．水害発生当時具体的な発令基準がなかったことから，水害後以下の具体的な基準が設定された．基準では雨量・水位の他，ダム放流が考慮された．

【水害前の基準】河川が警戒水位を突破し，洪水のおそれがあるとき

⬇

【水害後の基準】次の何れかの基準に達したとき

- 栄地区で120mm/3h 以上
- 刈谷田川大堰の水位が16.5m 以上，かつ栃尾の累計雨量が220mm 以上または130mm/3h 以上
- 刈谷田川ダムで「ただし書き操作[*1]」の予告があった場合

[*1] 「ただし書き操作」とは，気象・洪水状況により，当初規定していた操作規則以外の操作（洪水放流）をダムで行うことを意味する

◎参考文献

1) 末次忠司・菊森佳幹・福留康智：実効的な減災対策に関する研究報告書，河川研究室資料（2006）
2) 末次忠司：河川技術ハンドブック，鹿島出版会（2010）
3) 災害応急対策制度研究会：災害時の情報伝達・避難支援のポイント，ぎょうせい（2005）

7.2 なぜ避難しないか

過去発生した水害を見ると，水害時の避難率は多くが1〜2割で，高くて3〜4割である．なお，集落単位など，狭い範囲の避難率で見ればもっと高くなる場合がある．

住民が避難しない理由は多数あるが，洪水災害は進行性災害のため，避難できるかどうか（避難の阻害要因）を考えているうちに，また家財の移動に時間をとられて[*1]，避難のタイミングを逸してしまうことが多い．避難の阻害要因としては，

① 高齢者や乳幼児がいる
② 誤った水害経験（これまでの水害では大丈夫だった）
③ 家を守るために家に残る
④ 家財の移動
⑤ 浸水深が高い
⑥ 避難所や避難路がわからない

表-7.2 水害時の避難率

年月	水害名	対象市町村名	主要河川	避難率
S57.7	長崎水害	長崎市	中島川	13%
H2.7	平成2年7月水害	佐賀県多久市・武雄市など2市4町	六角川	19%
H10.8	平成10年8月末豪雨	福島県郡山市	阿武隈川	20%
		茨城県水戸市他	那珂川	25%
H16.7	新潟・福島豪雨災害	新潟県見附市	刈谷田川	19%
		新潟県中之島町	刈谷田川	36%
		新潟県三条市	五十嵐川	23%
H16.10	台風23号災害	兵庫県豊岡市	円山川	33%

*1 関川水害（H7.7）では，家財の移動に床下浸水が始まってから家を出発するまでの時間の約4割が使われていた

第7章 避難あれこれ

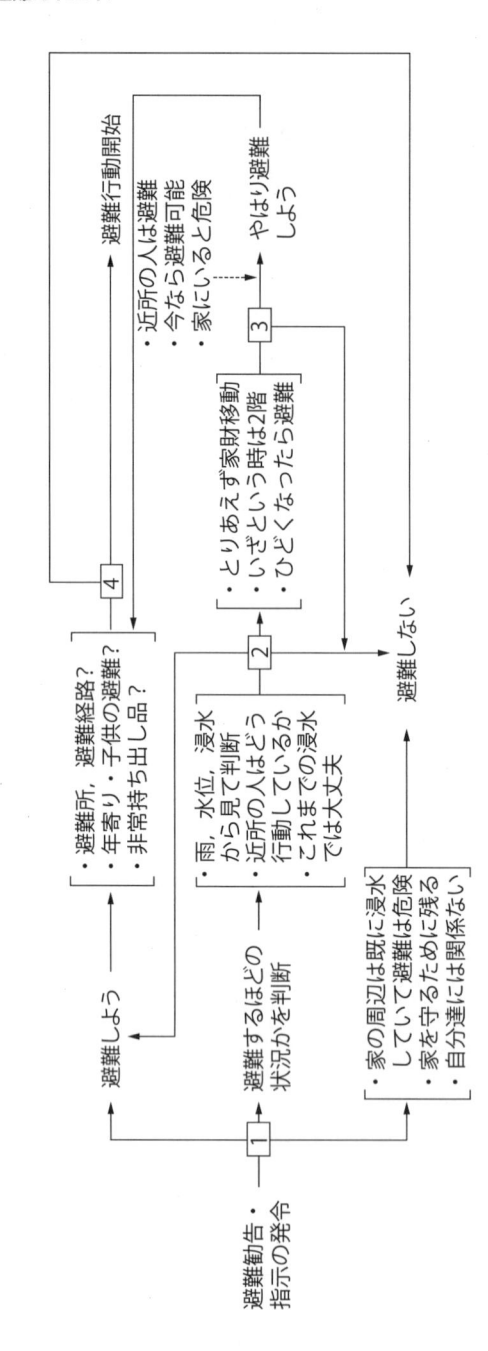

図-7.2 避難を決断するまでの思考・行動形態

第1段階で決断する人、第2段階で決断……など、さまざまであるが、決断を先送りする人が多く、そのため避難タイミングを逸してしまう場合がある

7.2 なぜ避難しないか

などがある。越水してから破堤するまでの時間との関係で見れば，
- 刈谷田川（中之島）　30～40分
- 五十嵐川　　　　　　30分
- 円山川本川　　　　　2時間15分

であり，破堤までの時間が短かったために避難できなかったという相関は見られない。

図-7.2に示すように，住民は時間が経過するなか，何回かにわたりこうした阻害要因をクリアできるか否かを考え，ある時点で「いけそうだ」と判断した段階で避難行動を開始することになる。しかし，その時点では避難できる状況ではなかったりする場合もある。時間経過に対して見ると，以下に示すような心の迷いからくる避難行動の躊躇がある。

- 初期の段階では避難する必要があるかどうか，半信半疑のなかでなかなか決断できない……①，②の阻害要因が影響
- 浸水がひどくなり，避難の必要性を感じ始めるが，避難するにしろ，しないにしろ，その前にやるべきことをやる……③，④の阻害要因が影響
- 避難しようと思うが，実際にやろうとすると，いろいろ障害や問題が出てくる……①，⑤，⑥の阻害要因が影響

住民が避難しない（できない）理由に，市町村からの避難勧告・指示が遅く，情報が伝達された段階では，すでに浸水深が高く避難が難しい状態であったケースも多い。情報伝達が遅くなるのは，例えば避難判断水位[*2]は国土交通省または都道府県から市町村へ伝達されるが，ツリー状の伝達で，電話連絡で時間を要したり，伝達過程で時間ロスがあったりするからである。

[*2] 水位予測が困難な中小河川である水位情報周知河川を対象に出される水位で，避難行動を行う目安となる水位である

◎参考文献

1) 末次忠司：避難活動の隘路を回避するための必要条件，水利科学，No.283（2005）
2) 栗城稔・末次忠司・海野仁ほか：関川水害時の避難行動分析，土木研究所資料，第3536号（1998）

7.3 【住】避難する必要があるか

どのような場合でも避難所へ避難するのがベストな選択ではなく、「2階へ避難する」ことが賢明な選択肢になる場合もある。家屋の属性や浸水危険性に対しては、図-7.3に示すような場合分けが考えられる。浸水状況に対する避難危険性は既往の調査・実験結果より、3領域に区分される。例えば、避難者を対象にしたアンケート調査結果（関川）より、避難困難性は浸水深が50cm以下では約半数であったが、50cm以上になるとほとんどの人が困難になると回答した。この図では2階があり、浸水深が50cm以上、または氾濫流速が50cm/s以上の場合は2階へ避難することを推奨しているが、それ以外の条件の場合は避難所や知

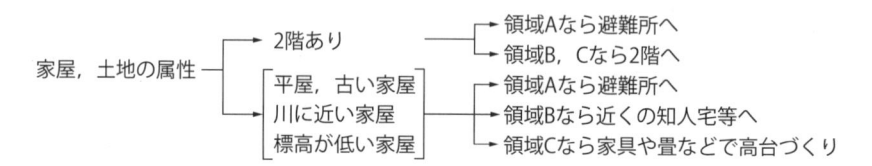

```
家屋, 土地の属性 ─┬─→ 2階あり ─────→ 領域Aなら避難所へ
                 │                  → 領域B, Cなら2階へ
                 └─→ 平屋, 古い家屋  → 領域Aなら避難所へ
                     川に近い家屋    → 領域Bなら近くの知人宅等へ
                     標高が低い家屋  → 領域Cなら家具や畳などで高台づくり
```

注）領域A, B, Cは図-7.4に表記している

図-7.3 「避難所へ避難するか、家にとどまるか」に関する判断フロー

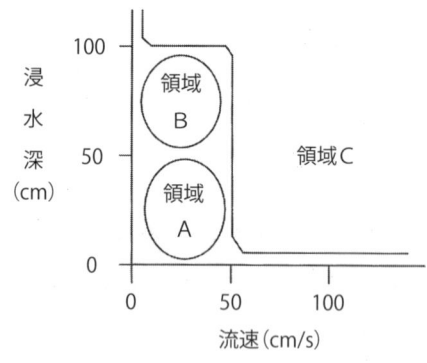

図-7.4 浸水時の避難危険性の領域区分図

人宅等へ避難するのが賢明である。

　近年水害発生時に避難所へ避難するのではなく，自宅に留まるべきであるという説をとく人がいるが，大規模水害や合流点などの閉鎖性流域であれば，2階でさえも危険な状態になる場合があること，長期間浸水が続いて孤立すれば自宅での生活に支障をきたすことを考えれば，やはり避難することを優先的に考えるべきである。

　いろいろな事情があって避難できない場合は，「さまざまな状況に対処する」に記載した家屋への浸水流入防止などの対応をとって，被害を最小限に留める努力を行う。また，いよいよ危険な状況になったら家から脱出する方法を考える。

◎参考文献

1) 末次忠司：避難活動の隘路を回避するための必要条件，水利科学，No.283（2005）
2) 栗城稔・末次忠司：自然災害における情報伝達　関川豪雨災害(1995年)，土木学会誌(1996)

7.4 浸水する避難所

「平成23年全国調査」結果によれば，水害時のための避難所を指定している（地震と分けている）市町村として，福島県郡山市，長野県上田市，愛知県大府市，兵庫県明石市，宮崎県日南市などがある一方で，避難所の多くは学校や公民館で，必ずしも水害ではなく，地震時に使える避難所として指定されている場合も多いので，浸水する危険がある。例えば，平成16年水害では表-7.3のように1/3以上の避難所で浸水し，再避難を余儀なくされた。

表-7.3　浸水した避難所の割合（H16水害）

水害名（発生年月）	対象地域	全避難所 (A)	浸水した避難所 (B)	割合 (B/A)
新潟・福島豪雨災害（H16.7）	三条市	53	23	37%
	長岡市	46	13	
	見附市	18	5	
	中之島町	10	6	
福井水害（H16.7）	福井市	77	16	21%
円山川水害（H16.10）	円山川流域	90	43	48%
合計		294	106	36%

＊　新潟・福島豪雨災害の対象地域はすべて新潟県である

したがって，図-7.5のように氾濫原特性に対応させて，避難所が適切な標高にあるかどうかの確認を行った後，建物構造，集落からの距離，収容人員などから見て適切な避難所であるかどうかのチェックを行う必要がある。ここで，公的施設を選ぶ氾濫原特性としては以下の3ケースが考えられる。

＜低平地で広い地域が浸水すると想定されるケース：ケース１＞

このような地域では避難所も浸水する危険性が高い。しかし，低平地であっても微地形を見ると，自然堤防などの標高が若干高い地域があり，こうした地形上に避難所を設定する。また，都市域では多くの高層ビルがあるので，一時避難所

7.4 浸水する避難所

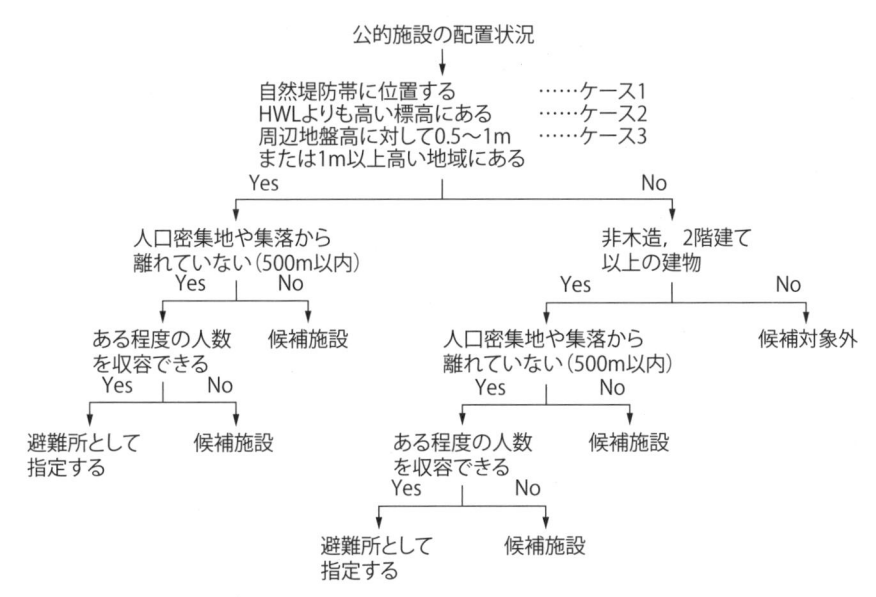

```
                    公的施設の配置状況
                    
                 自然堤防帯に位置する      ……ケース1
                 HWLよりも高い標高にある   ……ケース2
                 周辺地盤高に対して0.5～1m  ……ケース3
                 または1m以上高い地域にある
                    Yes            No
```

(フローチャート)
- Yes側: 人口密集地や集落から離れていない（500m以内） → Yes: ある程度の人数を収容できる → Yes: 避難所として指定する / No: 候補施設 / No: 候補施設
- No側: 非木造, 2階建て以上の建物 → Yes: 人口密集地や集落から離れていない（500m以内） → Yes: ある程度の人数を収容できる → Yes: 避難所として指定する / No: 候補施設 / No: 候補施設 / No: 候補対象外

図-7.5　浸水時の避難所安全度等評価フロー
このフローにより選ばれた指定避難所数が少ない場合，候補施設のなかから指定する避難所を再度選定する

に指定する．ただし，一時避難所とはいえ，集落に近い箇所に位置していないと，効果的な避難活動は行えない．福岡市春住地区では高齢者自らが水害時に安全で，3分程度で避難できる一時避難所として選んだ場所（病院，郵便局，マンションなど）を自主防災会が所有者に使用依頼を行い，自主避難場所として整備した．

＜氾濫原特性が谷底平野のケース：ケース２＞

谷底平野は平地幅が狭いため，いったん越水や破堤氾濫が生じると，高速の氾濫流により家屋や土地が流失するなどの甚大な被害が発生する．例えば，平成10年8月末豪雨により，那珂川支川の余笹川では洪水流が越水して，氾濫原において4～5m/sの氾濫流が発生し，流域全体で30棟が全壊・流失，48棟が半壊した．したがって，谷底平野では氾濫流の影響が少ない公的施設を探すが，適当な施設の数は少ないので，河道の計画高水位より高い標高に位置する民家や事業所などを一時避難所に指定する．例えば，留萌市洪水避難地図（留萌川）では

第7章　避難あれこれ

○○宅というように，個人名の入った民家の一時避難所がマップに記載されている。マップに記載された35箇所の避難所のうち，11箇所が民間の建物で，うち8箇所が個人宅である。

＜その他のケース：ケース3＞

　上記の場合と同様に標高の高い地形上に避難所を設定することを基本とするが，洪水ハザードマップなどが作成されている場合はそれらを用いて，また作成されていない場合は近隣河川の計画高水位を参考に各地域の浸水危険性を判断する。簡易に判定する手法としては，地形図や都市計画図等を用いて，相対的に標高が高い地域を抽出して，避難所設定を行う。

　上記した3ケースとも，浸水に対して安全か否か等について，フロー図を用いて避難所の安全度等の評価を実施する。図中で避難所までの距離500mとは浸水時の避難における最大避難距離である。このフローに従って，指定した避難所数が十分ある場合は「河川からの距離」，「過去20年間程度の浸水実績（避難所，周辺道路）」を調べて，設定する優先順位付けを行う。一方，指定できた避難所数が少ない場合は，候補施設のなかから適当な施設を指定避難所とする。

◎参考文献

1) 末次忠司，菊森佳幹，福留康智：実効的な減災対策に関する研究報告書，河川研究室資料（2006）
2) 災害応急対策制度研究会：災害時の情報伝達・避難支援のポイント，ぎょうせい（2005）

7.5 避難の成功事例

　前述した避難率などから見て，豪雨・洪水時の避難は必ずしも積極的に行われていないが，地域によっては迅速で大規模な避難が実施された成功例が見られる。以下には，代表的な3事例を紹介する。

<成功例1　宮崎県延岡市（台風7号：H5.8）>

　延岡市では五ヶ瀬川および支川大瀬川で発生した洪水に対して，5 000人以上の住民が避難勧告発令後30分以内に避難を完了できた。その結果，$6km^2$が浸水し，浸水家屋が650戸あったにもかかわらず，被災者はほとんどなかった。避難が成功したのは，当該地域が浸水常習地帯で住民の水害危険意識が高かった他に，以下の理由が考えられる。

- 市の防災会議に警察官も参加し，消防と警察の連携が緊密であった
- 避難所担当の市職員に召集の連絡網が知らされ，避難所の受け入れ体制がスムーズであった
- 毎年全世帯に避難所一覧表を配布していた他，誘導の際に誘導員に再度一覧表を配布した

<成功例2　島根県三隅町（梅雨前線豪雨：S58.7）>

　三隅町では梅雨前線豪雨に対して，大雨・洪水警報が断続的に発令されたため，町長は「なみたいていの避難命令では効果がない」と判断し，防災行政無線（戸別受信機）を通じて，非常事態宣言を3回繰り返した。その結果，住民は早期に避難し，被害を最小限にできた。なお，放送局が浸水するまでの7時間のうちに，防災行政無線により合計41回に及ぶ放送が行われた。放送局が浸水した後は，町民のアマチュア無線を利用した災害情報の収集・伝達が行われた。

第7章　避難あれこれ

写真-7.1　島根県三隅町の被災状況（浜田市提供）

＜成功例3　熊本県竜ヶ岳町（台風18号：H11.9）＞

　竜ヶ岳町では昭和47年7月の土石流災害で近隣の市町を含めて123名の死者・行方不明者が発生した。この災害を教訓にインターネットで気象情報を収集し，雨量・風速も独自に観測する態勢を整えた。また，全戸に防災無線を設置していたため，平成11年9月の高潮時には高潮発生の約40分前に全世帯に避難勧告が出され，約80戸が浸水したにもかかわらず，1名が軽いけがをしただけであった。
　このように，過去の避難の成功例を見ると，
- 複数組織（市，消防，警察）間の風通しが良かった
- 住民への情報伝達に戸別受信機の防災行政無線が利用された
- 住民への情報伝達は切迫感を持って行われた
- 避難誘導時に避難所一覧表が配布された

ことなどが功を奏して，避難がスムーズに行われたと言える。

◎参考文献

1) 建設省延岡工事事務所の提供資料より
2) 吉本俊裕・末次忠司・桐生祝男：水害時の避難体制の強化に関する検討，土木研究所資料，第2565号（1988）

3) 力武常次・竹田厚 監修：日本の自然災害，国会資料編纂会発行（2007）
4) 末次忠司：河川の減災マニュアル，技報堂出版（2009）

7.6 【住】避難のノウハウ

　避難は早期に行うことを基本とする。車による避難は絶対ダメとは言えないが，途中で浸水のため，また渋滞により車を放置せざるをえなくなる場合も多い（後述）。そこで，徒歩で避難することを想定して，安全な避難所・避難路を選定する。避難所は指定された公共避難所を考えるが，場所がわからない，遠い，途中の道路が浸水して危険な場合などは，近隣の親戚・知人宅（2階以上の建物）への避難を考える。近隣に親戚・知人がいない場合は，公共施設や会社の建物に一時的に避難する方法もある。避難路は避難先までの最短道路を考えるが，高さの低い道路などは避けるべきである。水田のなかの道路などは低くて浸水しやすい場合が多い。

　避難する際留意すべき事項は，家屋が密集している地域では，氾濫流が道路を速い速度で流下することである。また，浸水中を避難する場合，水の抵抗で足を動かしにくいだけでなく，水の浮力により足の動きが不安定になることに注意する。浸水中を安全に避難できる浸水深は成人男性で50cm以下，小学校の高学年では20cm以下である。なお，浸水中の避難速度は浸水深がひざ下（50cm以下）

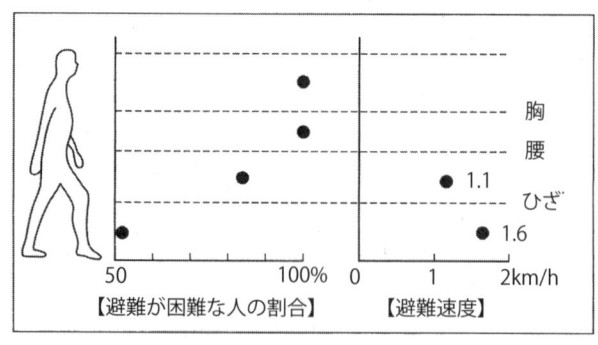

図-7.6　浸水中の避難速度
成人男性で安全に避難できる浸水深は50cm以下である。ひざより下の浸水中の避難速度は約1.6km/hである

7.6 【住】避難のノウハウ

で時速1.6km，浸水深がひざから腰まで（50cm〜1m）で時速1.1kmであるが，女性や子供ではもっと遅くなる。浸水中の避難速度は相当遠距離でないかぎり，距離が長くなっても遅くなることは少ない。

避難活動を行うにあたってのノウハウを以下に示す。

---避難の鉄則---
- 浸水深が高くならない，早い段階で避難する
- 浸水深の浅い，安全な道路を使って避難する

＜避難途中の注意＞

- 道路上にガラスや金属などの危険物が落ちている場合があるので，必ず靴をはいて避難する
- 両手が使えるように，携帯する荷物はディバッグに入れ，必要最小限のものとする
  例）懐中電灯，携帯ラジオ，乾電池，笛，ロープ，ナイフ，新聞紙，ライター，タオル，ブランケット，ウェットティッシュ，救急セット，食料品，折りたたみ式ポリタンク，軍手軍足，マジック＋メモ用紙，現金，身元証明書……重量4kg程度ですむ
- 一人一人で避難するのではなく，複数の避難者同士をロープで連絡して避難する。体の小さな子供などはロープを体に結んでおく
- 避難路は日常通り慣れた道路を選ぶ人が多いが，道路高が低く，浸水深の高い道路は避けるようにする。とくに凹形状の道路では氾濫流が速い速度で道路上を横断している場合がある
- 都内でも谷部の凹地形があり，局所的に浸水深が大きくなる場所があるので注意する
- 浸水時はガードレールがないと道路と水路の境界がわからない[*1]，またマンホールのフタがはずれている場合があるので，探り棒で足下の安全を確認しながら進んでいく
- 浸水と一緒に家電製品やガスボンベなどが流れてくるので注意する

---
*1　避難の途中で水路に落ちた，または落ちそうになった人は新潟水害（H7.7，H10.8）で約2割もいた

第 7 章　避難あれこれ

- 高齢者・身障者・傷病者（体が不自由な人）は浸水時に背中におぶるのではなく，はしごなどの担架の代わりになるものを用いて，おみこし式にかついで避難させる
- 乳幼児は浸水時におぶったり，抱いて避難するのは危険なので，防水布にくるんで，浮き袋をつけてベビーバスに乗せて避難する

図-7.7　水路・側溝の比較
避難する際は，必ず探り棒を持って足元に水路やマンホールの穴がないかどうかを確認する

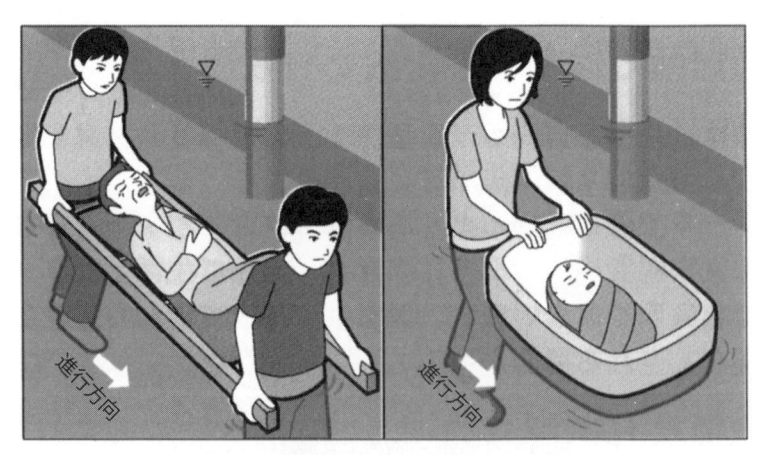

図-7.8　高齢者や乳幼児の避難のさせ方

＜その他の注意＞

避難時に家族全員がそろっているとは限らない．とくに平日昼間，親は会社，子供は学校にいるなど，家族はバラバラになっている場合があるので，以下の対応が有効となる．ただし，残りの家族に行き先を告げる張り紙などはしない．張り紙は防犯上問題となる．

- 名前，住所，血液型，家族の集合場所はもとより，医療的ケアに必要な物品と取扱い会社などを記入した防災手帳を家族全員が用意しておくと，家族がバラバラに避難しても大丈夫である
- 避難する時，家に施錠するとともに，電気のブレーカーを切ったり，ガスの元栓を閉めるようにする．通電火災等を防止することができる

◎参考文献

1) 栗城稔・末次忠司：自然災害における情報伝達　関川豪雨災害(1995年),土木学会誌(1996)
2) 栗城稔・末次忠司・小林裕明：洪水による死亡リスクと危機回避，土木研究所資料，第3370号（1995）
3) 末次忠司：これからの都市水害対応ハンドブック，山海堂（2007）

7.7 【住】浸水中の車は危険

　高齢化の進展に伴って徒歩の避難が困難となり，車で避難する人もいる。早期の段階の避難であれば，車による避難も一つの選択肢となるが，災害が進行した段階では渋滞を引き起こすし，浸水中では車がエンストする危険性もあるので注意する。また，「8.3 地域の危険箇所を発見する」で記述するアンダーパスも車の走行時に要注意である。

　浸水に伴う自動車災害は，多くの乗用車やバスが被災した長崎水害（S57.7）で警鐘が鳴らされたが，東海豪雨（H12.9）では長崎を上回る自動車が被災した。被災した車の数は愛知県内で5万台とも10万台とも言われ，保険金支払いに占める車の割合は通常1割以下であるが，東海豪雨の時は5割以上となった。

　浸水中を車で走行する場合，浸水深がマフラーの高さ以下で走るか，マフラーから水が入らないようにエンジンをふかしながら走る必要がある。マフラーから水が入ってくると，エンジン内のシリンダーが不具合を起こして，最悪エンストを引き起こす。また，浸水深が高くなってくると，浸水による水圧でドアを開けられなくなるし，浸水深が60〜70cmになると，車体が浮き始める。そうなる前に車から脱出すべきで，車から離れる時はなるべく路側に寄せ，鍵をつけたまま車から離れる。そうしないと，浸水がおさまってから，車を移動できずに交通機能の障害となる。

　脱出できずに車内にいると，その後車の隙間から浸水が流入してきて，いざ窓を開けて出ようとしても，浸水でパワーウィンドウ（電気系統）が作動しないで脱出できなくなり，浸水の犠牲となってしまう。対策としては，先端に超鋼合金がついた「車脱出用ハンマー」を車内に常備しておく。トランク内のジャッキやレンチ（タイヤ交換用）も使うことができる。

　一方，車が川などに転落したり，水没した場合，車が水没する前に脱出する。しかし，脱出できなかった時は以下の手順で対応する。なお，厚生労働省の人口動態統計特殊報告によれば，自動車事故死者のうち，溺死は毎年約200名に及ぶ

7.7 【住】浸水中の車は危険

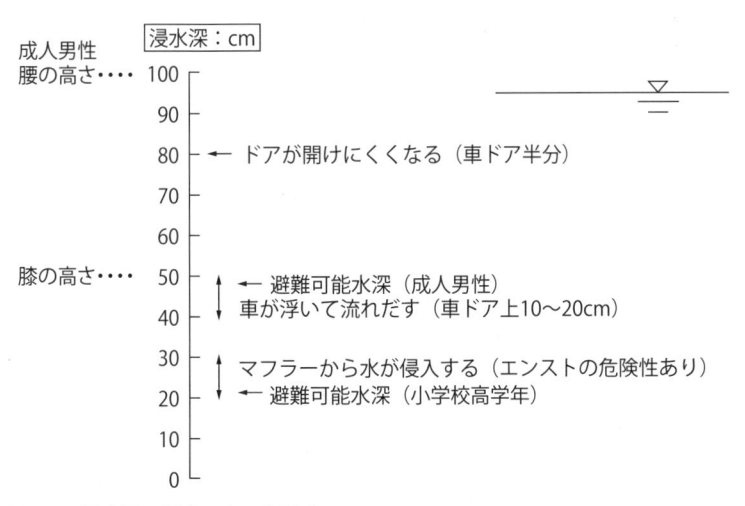

```
成人男性
腰の高さ・・・・ 100   浸水深：cm                                    ▽
              90                                               ‾
              80 ← ドアが開けにくくなる（車ドア半分）
              70
              60
膝の高さ・・・・ 50 ↕← 避難可能水深（成人男性）
              40 ↕  車が浮いて流れだす（車ドア上10～20cm）
              30 ↕  マフラーから水が侵入する（エンストの危険性あり）
              20 ↕← 避難可能水深（小学校高学年）
              10
               0
```

図-7.9 浸水深に対する車の危険度
「車のなかにいれば大丈夫」ではないので，どの程度の浸水深で危険な状態になるかを確認しておく必要がある

ほど多い（海での事故を含む）。
- 窓をしっかり閉め，ドアロックをはずす
- 子供は立たせるなど，天井近くに全員顔を寄せる．車内の水が増え，浮力が小さくなり，車が安定したら，大きく息を吸ってからドアを開けて（または窓を割って），脱出する
- 子供は親が腕を組み合って，同じドア（または窓）から脱出させる

◎参考文献

1) 栗城稔・末次忠司・小林裕明：洪水による死亡リスクと危機回避，土木研究所資料，第3370号（1995）
2) 末次忠司：これからの都市水害対応ハンドブック，山海堂（2007）
3) 末次忠司・菊森佳幹・福留康智：実効的な減災対策に関する研究報告書，河川研究室資料（2006）

第8章
危険箇所発見

8.1 波及するライフライン被害

　水害被害は一般家庭や事務所の一般資産等被害額，公共土木施設被害額，公益事業等被害額に分類され，おおむね一般資産等：公共土木施設＝2：3で，公益事業等被害額は平均すると100億円にも満たない。ただし，名古屋市などが被災した東海豪雨（H12.9）では例外的に一般資産等被害額の割合が9割以上であった。また，公益事業等被害額に含まれるライフライン（電力，ガス，水道，電話）は被害額は少ないものの，日常生活や産業活動に大きく影響を及ぼす。停電が及ぼす影響を見てみると，図-8.1のように2次，3次，……と被害の影響が波及していく様子が伺える。また，停電に伴う断水（図の【A】），停電に伴うガスの製造停止など，複数のライフラインが関係している場合もある。また，図の【B】のように，

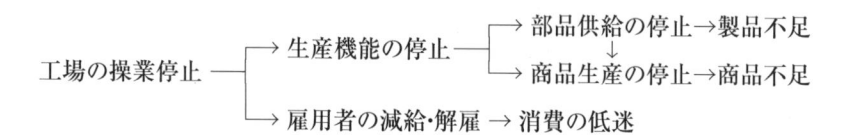

```
                              → 部品供給の停止→製品不足
                              ↓
工場の操業停止 →  生産機能の停止 → 商品生産の停止→商品不足
              → 雇用者の減給・解雇 → 消費の低迷
```

という連鎖的な影響が見られる。とくに半導体などの精密機器の製造工場では，製造ラインの誤作動を避けるため，設備の停止準備や再起動までに丸一日を要する。また，たとえ停電が回復したとしても，工場では

- 製造ラインは停止ごとに洗浄する
- 生産システムの立ち上げのために，機械を微調整する
- 商品によっては，衛生管理のために一定温度を保つ

必要があるため，操業再開までに長時間を要する。
　東日本大震災（H23.3）の際にも，東北電力管内（東北6県と新潟県）で最大440万戸で停電が発生した。震災では広範囲で停電が発生し，情報が途絶され，電気製品が使えない不便な生活を強いられるとともに，多数の工場・営業所などの産業機能が停止した。停電の復旧状況を見ると，発災後1日と7時間で50％，

8.1 波及するライフライン被害

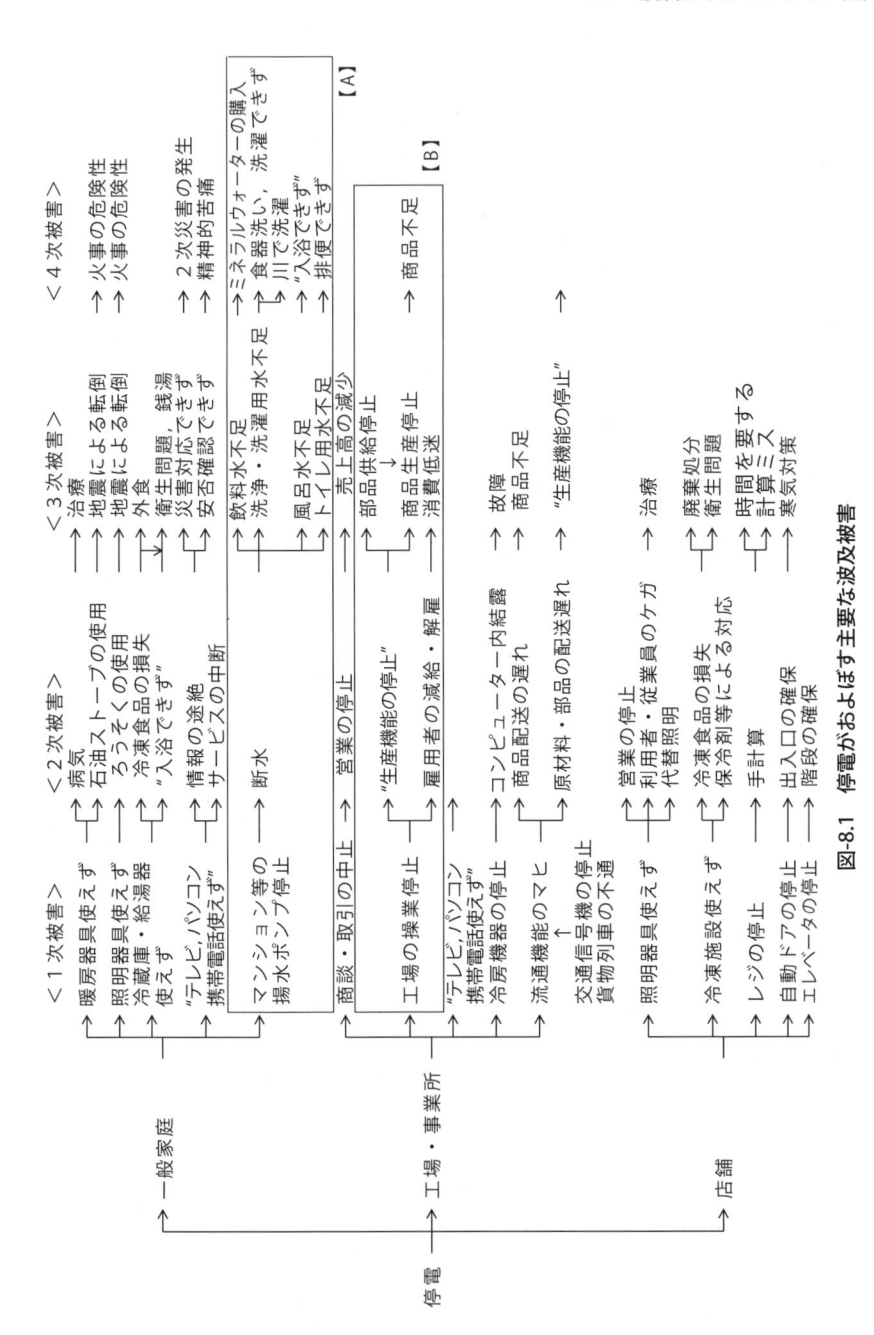

```
                    <1次被害>              <2次被害>           <3次被害>              <4次被害>
                  → 暖房器具使え"ず"  → 病気                → 治療
                  → 照明器具使え"ず"  → 石油ストーブの使用  → 地震による転倒    → 火事の危険性
一般家庭 →        → 冷蔵庫、給湯器    → ろうそくの使用      → 地震による転倒    → 火事の危険性
                    使え"ず"          → 冷凍食品の損失      → 外食
                  → "テレビ、パソコン → "入浴できず"        → 衛生問題、銭湯   → 2次災害の発生
                    携帯電話使え"ず"  → 情報の途絶          → 災害対応できず
                                        サービスの中断      → 安否確認できず   → 精神的苦痛
                  → マンションの      → 断水                → 飲料水不足                          [A]
                    揚水ポンプ停止                          → 洗浄・洗濯用水不足 → ミネラルウォーターの購入
                                                          → 風呂水不足        → 食器洗い、洗濯できず
                                                          → トイレ用水不足    → 川で洗濯
                                                                              → "入浴できず"
                                                                              → 排便できず
                  → 商談・取引の中止 → 営業の停止           → 売上高の減少
                  → 工場の操業停止   → "生産機能の停止"      → 部品供給停止                          [B]
工場・事業所 →                      → 雇用者の減給・解雇   ↓ 商品生産停止
                  → "テレビ、パソコン                     → 消費低迷
                    携帯電話使え"ず"  → コンピュータ内結露   → 故障
                  → 冷房機器の停止   → 商品配送の遅れ      → 商品不足          → 商品不足
                  → 流通機能のマヒ   ← 原材料・部品の配送遅れ
                  ← 交通信号機の停止                      → "生産機能の停止"  →
                    貨物列車の不通   → 営業の停止
                                    → 利用者・従業員のケガ → 治療
                  → 照明器具使え"ず" → 代替照明
店舗 →            → 冷凍施設の停止   → 冷凍食品の損失       → 廃棄処分
                                    → 保冷剤等による対応   → 衛生問題
                  → レジの停止       → 手計算              → 時間を要する
                  → 自動ドアの停止   → 出入口の確保                           → 計算ミス
                  → エレベータの停止 → 階段の確保                             → 寒気対策
停電 →
```

図-8.1 停電がおよぼす主要な波及被害

133

第 8 章　危険箇所発見

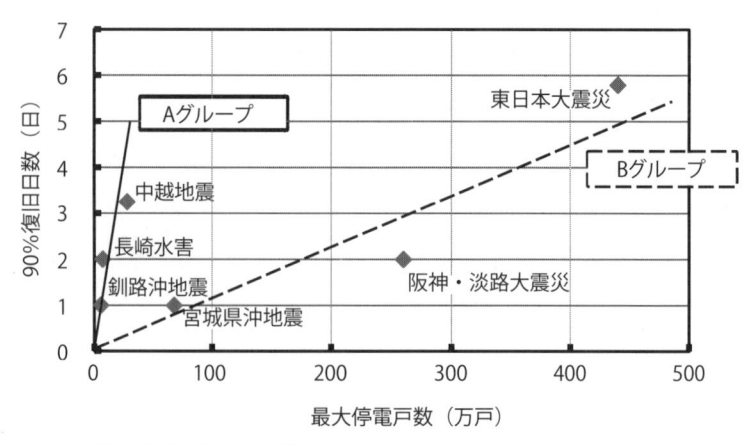

図-8.2　最大停電戸数と 90%復旧日数
東日本大震災は土砂災害などによる道路不通の影響が少なく，阪神・淡路大震災と同じグループに属する

5 日と 19 時間で 90%が復旧した。災害による最大停電戸数と 90%復旧日数との関係を見ると，中越地震や長崎水害などの A グループは土砂崩れや道路損壊などの影響で復旧に日数を要したのに対して，東日本大震災などの B グループは停電戸数の割には復旧日数は短かった。

　停電対策としては無停電電源装置（UPS），自家発電機などがある。なかでも，無停電電源装置は停電時にコンピュータ等に内蔵バッテリーから電力供給される装置で，コンピュータを電圧変化のダメージから守るものである。UPS には以下の 3 通りの方式がある。

- オフライン（常時商用）方式：通常時はサージ除去，ノイズフィルタのみを介して電源を供給している。電源障害時は切替スイッチでバッテリー運転に切り替わる。パソコンや家電などの小型機器に用いられている
- ラインインタラクティブ方式：常時商用方式と常時インバータ方式の中間に位置し，通常時はサージ除去，ノイズフィルタ，インバータを介して電源を供給している。電源障害時はバッテリー運転に切り替わる
- オンライン（常時インバータ）方式：2 つのインバータがあり，常時交流（AC）を直流（DC）に変換して，電源を整流しているため，安定した電源供給ができる。バッテリーに常に通電しているため，瞬時にバッテリー運転に切替

8.1 波及するライフライン被害

可能．銀行のオンラインコンピュータなどの大型機器に用いられている

また，東日本大震災における停電時には，多くの自家発電機が使用された．自家発電機は小規模装置はガソリンで，大規模装置はディーゼルで稼働するので，燃料が不足すると使えなくなる．普及状況は JR 東日本では駅舎・鉄道の運行の 6 割が自前の発電である．また，ビルの半数以下，小中高校の約 14% には発電機が備わっている[*1]．ちなみに全国の企業の自家発電能力は約 6 000 万 kw あり，これは東京電力の発電能力に匹敵するが，送電できないため，共有して利用することはできない．一方，病院には通常自家発電機が複数台あり，数台は常時稼働しているし，約 3 日間まかなえる発電量と燃料を備蓄している．ただし，自家発電機では電圧が不安定となる場合があり，人工心肺装置などは止まってしまうリスクがある．

自家発電機は燃料が必要であるが，今回の地震では燃料不足が生じた．その原因としては，① 被災の影響，② 被災対応の影響，③ 需要量の増加がある．すなわち，① 製油所・保管施設の被災により供給量が減少したり，道路・鉄道・港湾施設の被災により輸送に遅れが生じた影響，② 被災地に優先出荷したり，緊

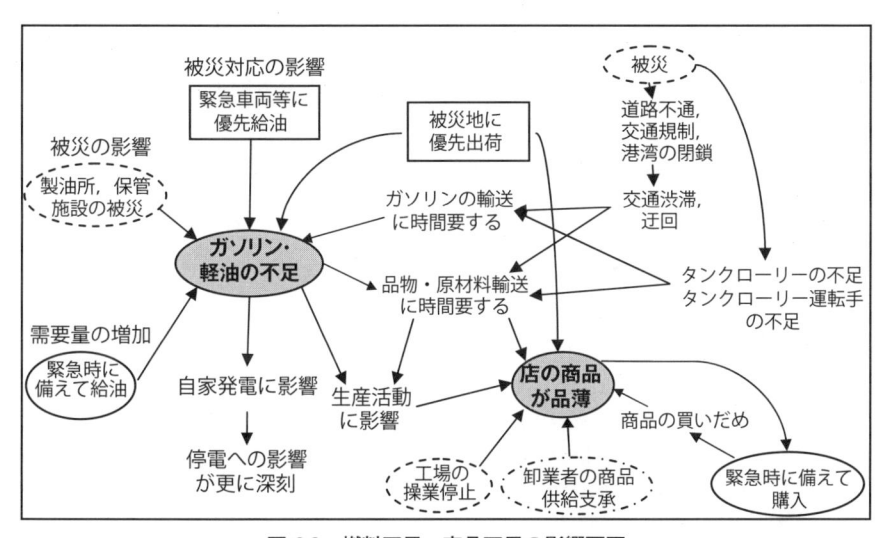

図-8.3　燃料不足・商品不足の影響要因

[*1]　読売新聞の 6 面記事（H23.3.13 の朝刊）

第 8 章　危険箇所発見

表-8.1　ライフライン施設の被災しやすい設備と浸水対策

施設	被災しやすい設備	浸水流入箇所→主要な対策
電力	（地下）変電設備，配電塔，分岐箱	・変電設備→設備の嵩上げ ・地下変電設備の出入口→ステップ，防水板，防水扉，設備の嵩上げ ・地下変電設備と洞道・管路との接続箇所→樹脂による間仕切り
電気通信	交換局，電話交換機，電柱，回線	・交換局全体→敷地・建物周囲の防水壁 ・交換局出入口→防水板，防水扉
水道	取水場，浄水場，電気設備（ポンプ，電動機），送・排水管	・開放系の施設のため，浸水流入箇所は特定が難しい
ガス	地下整圧器，需要家のガスメータ	・地下整圧器（ガバナー）→完全防水または移転

急車両等に優先給油した影響，③ 緊急時に備えて住民が買いだめした影響などが見られた。これらの要因は複雑に関係しあっており，しかも②③の影響が直接的なのに対して，①の被災の影響は道路不通・交通規制が輸送時間を増大させるといった間接的な影響を及ぼしているのが特徴である。商品不足の原因についてもあわせて示したが，ガソリン不足と関係している要因が多い。

　電力以外も含めて，ライフライン施設の浸水対策は地下施設と同様，防水板や防水扉などで行うが，施設の規模などに応じて，全体で防御するか，浸水流入箇所で対処するかについて検討を行う。例えば，NTT では局舎が大きくない場合，建物全体を防水壁で囲う方法がとられる場合がある。この場合，降雨・浸水時の出入口を別途設けておく必要がある。個別施設については，浸水しないように土台を嵩上げする方法もある。

◎参考文献

1) 東北電力ホームページ（2011）　http://www.tohoku-epco.co.jp/emergency/9/index.html
2) 末次忠司・橋本雅和：災害時における停電の社会的影響と対応策－東日本大震災を例にとって－，水利科学（投稿中）
3) 道上正規・國歳眞臣・檜谷治：ライフラインの被災機構とその影響調査，文部省科学研究費（1984）　ほか
4) 栗城稔・末次忠司・小林裕明：都市ライフライン施設等の水防災レポート（1992）

8.2 堤防の危険箇所を発見する

　堤防の危険箇所を明らかにするためには，まず堤防の除草を行う必要がある。近年予算削減に伴って除草回数を減らしたり，除草していない河川もあるが，危険箇所発見だけでなく，河川管理や防犯の面からも除草は必要である。そして，定期点検に加えて，洪水期前後や地震発生後に堤防点検を実施する。国土交通省治水課から「河川堤防モニタリング技術ガイドライン（2004年）」が出されているので，詳細な点検箇所・内容はこれに従う。表-8.2に示すように，ガイドラインでは平常時，洪水中，洪水直後に分けて，各箇所ごとのモニタリング項目が記されている。

＜危険箇所の発見＞

堤防の危険箇所を発見するにあたって，留意すべき点は以下の通りである。
- 堤防は川側が表のり，川の裏側が裏のりと称される。表のりの流下方向に数条の亀裂が発生している場合，のり面がすべっていることを表し，河床の深掘れや根固め工の流失などによる「のりすべり」の可能性が考えられる
- 護岸ブロック群の表面が波打っている場合，ブロック裏側の土砂が流失（吸い出し）したり，空洞が発生している場合があるので，ブロックの裏側を調査する必要がある
- 床止めや堰の上下流に設置されている低水路の護床ブロックは一部が流失するだけでも，洪水流下に伴って流れが乱れて，ブロック全体が流失する危険性があるので注意する
- 樋門の箇所では漏水の危険性に注意する。樋門は基礎がしっかりしていると，周辺堤防との間で段差を生じ，樋門の床版下などから漏水を発生する場合がある

第8章　危険箇所発見

表-8.2　点検時のモニタリング項目

	平常時	洪水中	洪水直後
河道内	・湾曲部, 横断工作物下流等における深掘れ ・樹木の繁茂状況 ・土砂等の堆積状況		・水制, ベーン工等の変状 ・樹木の繁茂状況の変状 ・土砂等の堆積状況の変状
高水敷, 低水護岸	・低水護岸の基礎部の変状	・高水敷の侵食 ・水面の段差や渦, 泡	・高水敷の侵食 ・低水護岸の変状 ・高水敷樹木の倒伏
表のり面, 高水・堤防護岸	・張芝の状況や人畜による踏み荒らし, 車両のわだち状況 ・のり面の亀裂 ・護岸や侵食防止シート等, 耐侵食構造物の変状 ・護岸の基礎部の変状 ・坂路・階段取付部の洗掘, 侵食 ・モグラ等の小動物の穴	・のり面の侵食・亀裂 ・護岸や侵食防止シート等, 耐侵食構造物の変状	・のり面の侵食・亀裂 ・のり面のはらみだし ・護岸および護岸基礎の変状 ・侵食防止シート等, 耐侵食構造物の変状 ・護岸と堤防境界における侵食等の変状・覆工の流失
天端	・亀裂 ・局所的に低い箇所の有無 ・天端舗装端部の状況	・亀裂 ・水溜り ・天端舗装端部侵食	・亀裂 ・水溜り ・天端舗装端部侵食
裏のり面	・張芝の状況や人畜による踏み荒らし, 車両のわだち状況 ・のり面の亀裂 ・小段の逆勾配箇所や局所的に低い箇所の有無 ・坂路・階段取付部の洗掘, 侵食 ・モグラ等の小動物の穴	・のり面の変状・亀裂 ・小段付近の漏水 ・のり面および小段の泥濘化 ・小段の水溜り	・のり面の変状・亀裂 ・小段付近の漏水 ・のり面および小段の泥濘化 ・小段の水溜り
裏のり尻	・表層付近の湿潤状態 ・局所的に低い箇所の有無 ・しぼり水の有無 ・モグラ等の小動物の穴 ・堤脚保護工の変形	・のり尻の変状 ・のり尻付近漏水, 噴砂 ・のり尻の泥濘化 ・堤脚保護工(腰積み)の変形, 沈下	・のり尻の変状 ・のり尻付近漏水, 噴砂 ・のり尻の泥濘化 ・しぼり水の有無 ・堤脚保護工(腰積み)の変形, 沈下
堤脚水路	・水路の変形, 沈下	・堤脚水路の継目からの漏水, 噴砂	・堤脚水路の継目からの漏水, 噴砂
堤内地	・表層付近の湿潤状態	・のり尻付近の噴砂 ・地盤の隆起・陥没	・のり尻付近の噴砂 ・地盤の隆起・陥没 ・稲刈り後の田の噴砂
樋門等構造物周辺	・取付け護岸の変形・クラック ・施設周辺の堤防と段差(抜けあがり) ・胸壁・翼壁等の部材接合部の開口	・胸壁・翼壁の接合部付近からの漏水, 噴砂 ・堤防との接合部からの漏水, 噴砂 ・堤内地水路の水の色	・胸壁・翼壁の接合部付近からの漏水, 噴砂 ・堤防との接合部からの漏水, 噴砂 ・堤内地水路の水の色

*　平常時と, 洪水中・洪水直後は見方が異なる

8.2 堤防の危険箇所を発見する

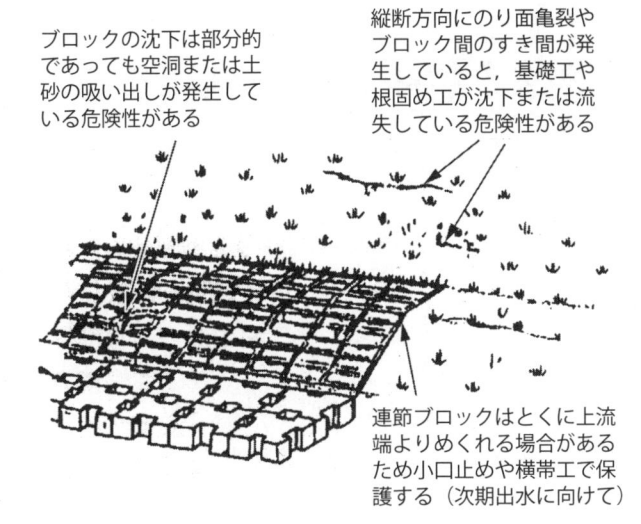

図-8.4 侵食被害を見る場合の留意点

(図中の注記)
- ブロックの沈下は部分的であっても空洞または土砂の吸い出しが発生している危険性がある
- 縦断方向にのり面亀裂やブロック間のすき間が発生していると，基礎工や根固め工が沈下または流失している危険性がある
- 連節ブロックはとくに上流端よりめくれる場合があるため小口止めや横帯工で保護する（次期出水に向けて）

＜危険箇所の対策＞

危険箇所に対する対策は以下の通りである。

- 河岸侵食の原因となりやすい深掘れはブロック等で埋め戻す。洗掘全体を埋め戻すと，その下流が洗掘されるので，洗掘深の7割程度を埋め戻すのが良い
- 部分的な護床ブロックの流失箇所にも，ブロックを投入して，次回の洪水に備えておく
- 連節ブロックはとくに上流端よりめくれる場合があるため，小口止めや横帯工で保護しておく

◎参考文献

1) 古本一司・森啓年・石原雅規・末次忠司ほか：河川堤防における点検と維持管理，土と基礎，54-8（2006年）
2) 山下武宣・末次忠司：河川構造物の劣化・損傷と維持管理，土木施工，48-10（2007）
3) 宇多高明・望月達也・藤田光一ほか：洪水流を受けた時の多自然型河岸防御工・粘性土・植生の挙動，土木研究所資料，第3489号（1997）

8.3 地域の危険箇所を発見する

　重要水防箇所などを参考に，堤防断面が浸透などに対して十分でない箇所，流下能力の低い河道区間や下水道などを中心に見て回る。こうした危険箇所は周囲の様子とともに，その状況を記載（メモ）しておくと良い。洪水氾濫時の避難を考える場合，洪水災害だけでなく，土砂災害が発生しやすい斜面が道路沿いにないかどうかも見ておく必要がある。

　河川からの氾濫が発生しなくても，水害危険性が高くなる場所がある。その一つが道路や鉄道を立体交差するため，標高の低い窪地状をしたアンダーパスである。アンダーパスは標高が低いため，雨水が集中して大きな浸水深となり，非常に危険である。アンダーパスにおける被災事例は以下の通りである。

- 平成17年8月にさいたま市岩槻区で40mm/hを超える降雨となって，アンダーパスが湛水し，トラックに乗った男性が水死した。男性はつくば市在住で，地域のアンダーパスの危険性を知らずに車で湛水中に進入したと考えられている
- 平成20年8月に栃木県鹿沼市のアンダーパスで軽自動車に乗った女性が犠牲となった。当時85mm/hという豪雨が発生して，アンダーパス内は約1.95mの浸水となっていて，非常に危険な状態であった

　場所によっては，アンダーパスの低位部の横断方向に排水路および貯水槽を設け，貯水槽が一定の貯留量になった場合にポンプにより排水を行っている箇所（甲府市）もある。また，電光表示板により湛水状況を知らせたり，過去の浸水位を側壁に示している場合（宇都宮市）もある。しかし，降雨時は危険であるという看板を掲示している場合がほとんどである。アンダーパスの冠水危険性をマップで示している自治体もあり，東京都では117箇所の「冠水注意箇所マップ」，埼玉県は13箇所を示したマップを作成・公表している。内水ハザードマップにも，危険箇所としてアンダーパスを示しておくことが望ましい。

　アンダーパス以外ではガードレールのない道路横の水路も要注意である。浸水

8.3 地域の危険箇所を発見する

時は道路と水路の境界がわからなくなって，水路へ転落とする危険性[*1]がある。また，丘陵地に近い平地の道路などでは下水道に大きな水圧が作用するため，マンホールのふたがはずれて危険な場合がある。高知市（H10.9）では集中豪雨により合流地点やポンプ場に近い地点のマンホールのふたが11箇所で浮き上がり，そのうちふたが開いた2箇所で人が吸い込まれ，2名が転落死した。

このような危険箇所は行政と住民が一緒になって参加型の調査を行い，その結果をマップに記入すると，住民の理解度が高まるとともに，防災意識も高くなる。防災だけではなく，防犯や他のことがらと一緒に調査を行えば，調査への参加者はもっと増える。

---

*1 避難の途中で水路に落ちた，または落ちそうになった人は新潟水害（H7.7，H10.8）で約2割いた

◎参考文献

1) 末次忠司：河川の減災マニュアル，技報堂出版（2009）
2) 栗城稔・末次忠司：自然災害における情報伝達　関川豪雨災害(1995年)，土木学会誌(1996)

8.4 センシング技術を活用する

　地形，危険箇所，水文状況を知るのに，人間の五感や経験では十分ではないので，計測機器を用いてセンシングする方法が有効である．とくに浸水深，侵食・浸透の計測は減災を行うにあたって重要となる．本節では他節で十分説明していない□中のセンシング技術について，解説を行った．

表-8.3　センシング技術の概要

技術名	技　術　の　概　要
C3D	C3Dは3次元サイドスキャンソナーで，6個のトランスデューサで送波・受波を同時に行って，河川地形等の水中測量を行える．送波器から放射されたファンビームが河床で反射したエコーを2つ以上の受波器で受信して，その位相差から水深を求める原理である．スワス角（幅）を広くとれ，約300mの広い範囲を一度に測量できるため，従来のナローマルチビームに比べて測量日数を短縮できる．水深では35cm～400mの測量が可能である
浸水位計	浸水センサーとも称され，浸水圧等により浸水深を想定するセンサーである．国土交通省はJR新横浜駅周辺や鶴見地区にマイクロ波式，圧力式のセンサーを歩道上に設置し，予想値以上の浸水を検知すると，メール送信する登録サービスを行っている．宮城県岩沼市にも光ファイバー方式の26箇所の浸水センサーが設置されている
ADCP	ADCPは超音波ドップラー流速計（Acoustic Doppler Current Profiler）の略語で，河床等に固定するタイプとボートに搭載するタイプがある．発射した超音波が水中に浮遊している土砂やプランクトン等で反射されたドップラー効果を利用して，浮遊物の流速を計測する手法である．水表面や河床付近は計測精度が高くない．ボートで計測する場合，流速が速いと計測できない．流速の他に，超音波の反射強度から土砂濃度を推定できるが，測定範囲は数百mg/L以下の濃度に限られる
堤防センサー（侵食センサー，浸透センサー）	光ファイバーを利用した堤防センサーで，ケーブル途中に錘をつけて，堤体の変状→錘の移動→歪みの発生のプロセスで変状検知を行う．光ファイバーの中継基地を10km以内に設置すれば，mm単位の変状の発生位置を1m単位で検知可能である．センサー方式は光ファイバーの敷設方式により異なり，直線的に配置するライン型は低コストで施工性がよく，V型は感度が良いという長所がある．堤防センサーの設置状況は**表-8.4**の通りで，漏水を検知するセンサーが多い

8.4 センシング技術を活用する

表-8.4 堤防センサーの設置状況

水系名	河川名	年月	目的	方式	延長
阿武隈川	阿武隈川	H12.3	漏水	ライン型＋Ｖ型	1 000m
肱川	肱川	H13.3	〃	〃	280m
信濃川	魚野川	〃	洗掘	ライン型	1 850m
利根川	利根川	H14.3	漏水	〃	400m
肝属川	串良川	〃	〃	〃	320m
庄内川	新川	H14.5	〃	〃	232m

- 地上地形の計測……レーザー・プロファイラー
- 河川地形の計測……ナロー・マルチ・ビーム測量, C3D
- 浸水深の計測………浸水位計
- 洪水流速の計測……ADCP, 電磁流速計, 超音波流速計
- 流砂量の計測………自動採水装置, 濁度計, ADCP
- 侵食センサー………光ファイバー, 変状検知センサー
- 浸透センサー………光ファイバー

C3Dは地形測量だけでなく，東日本大震災後に港湾施設の被災状況や沈没船の状況調査などに用いられた．また，浸水位計も東日本大震災後，国土交通省により宮城県内の21箇所に設置され，河川または海からの浸水状況がモニタリングされている．なお，センシング技術のうち，光ファイバーを利用した浸水位計，侵食センサー，浸透センサーは電源・通信装置が不要なため，経済的な手法である．

◎参考文献

1) 末次忠司：河川技術ハンドブック，鹿島出版会（2010）
2) 辻本哲郎監修：川の技術のフロント，技報堂出版（2007）
3) 末次忠司：河川の減災マニュアル，技報堂出版（2009）

第9章
被害軽減手法

9.1 氾濫流をコントロールする

氾濫流を効果的にコントロールできれば，水害被害の軽減につながる。コントロール手法には事前対応と緊急対応がある。緊急対応とは洪水・氾濫時にゲート等の操作を伴う対応である。また，制御機能により流況制御，氾濫水誘導，拠点防御に分類される。手法によっては複数のカテゴリーに分類されるものもある。

- 二線堤：歴史的には利根川中条堤など。昭和61年水害後吉田川流域の宮城県鹿島台町に建設
- 水害防備林：全国多数の河川にあり，堤外樹林と堤内樹林がある
- 防災樹林帯：家屋周囲の樹林や盛土で氾濫流から防御する：舟型屋敷（大井川），屋敷林（狩野川）
- 水路ネットワーク：水路網による氾濫水の貯留・排除：柳川，長良川支川
- 霞堤：全国にあるが，とくに急流河川に多い。近年締め切られる傾向にある
- 陸閘等の操作：陸閘等により氾濫水の流入を防ぐ：長良川輪中堤，安倍川流域
- 緊急排水路：氾濫水の到達前に暫定的な排水路を建設し，氾濫水を排除する：小貝川水害（S61.8），阿賀野川（S41.7）
- 氾濫原樋門・ポンプ：水路等を経ない樋門・ポンプによる氾濫水の排除
- 複合した手法による対応：二線堤とポンプ排水等の併用

表-9.1 氾濫流制御手法の一覧表

制御手法	概　要	事前対応	緊急対応
流況制御	氾濫流の進行を阻止したり，減勢する	二線堤，水害防備林	陸閘等
氾濫水誘導	氾濫水の流向を変えたり，排水先に誘導する	水路ネットワーク，霞堤	緊急排水路，氾濫原樋門・ポンプ
拠点防御	個別の建物や地域等を氾濫水から防御する	防災樹林帯　　輪中堤	排水ポンプ車，可搬式ポンプ

9.1 氾濫流をコントロールする

＜二線堤＞

詳しくは後述するが，都市域を取り囲む，または都市域の上流側に設置して，都市域の水害被害を軽減する。二線堤には道路や鉄道盛土を活用する。二線堤上流の被害額は増えるが，下流の都市域の被害額を軽減できれば，流域全体としての水害被害額を軽減できる。

＜水害防備林＞

洪水流から堤防を防護する堤外樹林と，破堤氾濫流を減勢したり，土砂を堆積させる堤内樹林がある。河川法上は堤内樹林は河畔林と称されている。阿武隈川支川荒川には，堤外地と堤内地にまたがって水害防備林（アカマツ）があるが，堤外樹林の多くは伐採された。水害防備林の樹種は竹，松，スギが多いが，竹は堤外樹林，竹以外は堤内樹林が多い。樹林の悪影響を排除するためではなく，外来樹林（ハリエンジュなど）の繁茂や管理問題[*1]に対して，伐採されている箇所もある。

＜防災樹林帯＞

水害防備林が河道沿いに設置されるものであるのに対して，防災樹林帯は家屋の上流側に樹林と盛土を配置して，氾濫流から守る個別対応の工夫である。大井川の舟型（三角）屋敷では想定される氾濫流側に，盛土と樹林（胸高直径21cm，2.4m間隔の松やスギ）が配置され，上空から見ると舟の形をして見える。また，

表-9.2　水害防備林の分類

	主として竹	竹以外
堤外樹林	久慈川, 矢作川, 櫛田川（竹, エノキ）, 由良川, 江の川, 吉野川, 仁淀川（竹, スギ）, 肱川（竹, エノキ）, 嘉瀬川	木曽川（松）, 矢部川（楠, エノキ）
堤内樹林	淀川支川野洲川	最上川（スギ）, 富士川支川笛吹川（アカマツ）, 常願寺川（松）, 旭川（ケヤキ, エノキ）

＊　水害防備林は堤外地は竹，堤内地は松などが多い

[*1] 治水のためではなく，生業のために植林された竹などもあるが，産業として成り立たなくなったために管理がおろそかになったケースが多い

第9章 被害軽減手法

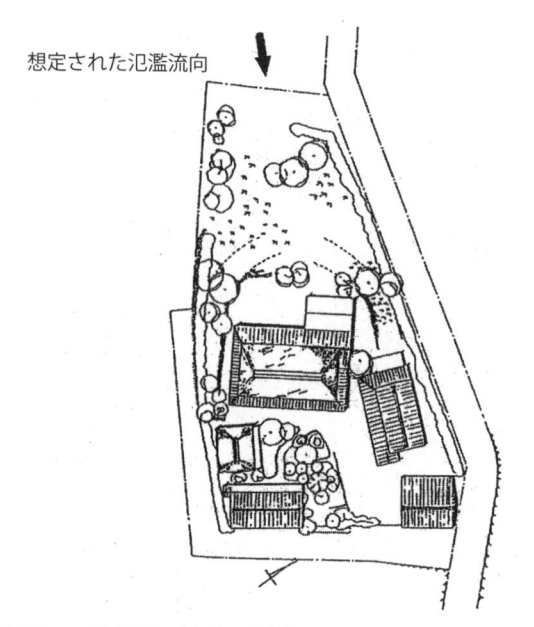

図-9.1 舟型屋敷（大井川流域）
氾濫側の盛土と樹林により，氾濫流を二分する工夫である

狩野川流域は狩野川台風（S33.9）により大きな被害を被ったが，屋敷林があった家屋は氾濫流による流失を免れた。那珂川支川の余笹川でも平成10年8月に水害被害を被ったが，樹林があった家屋はない家屋に比べて流失率が約半分であった。

＜水路ネットワーク＞

水路は農業用排水路，防火用水，観光，雪国では流雪などに用いられることが多い。例えば，福岡の柳川には総延長450kmの水路網があり，河川から水門を通じて導水している。水路網密度を表す平均到達距離[*2]で見ると約60mと密度が高く（イタリアのベネチア並み），所々で水路断面形を変化させて，流速や流量をコントロールしているのが特徴である。柳川や富山の水路網などは氾濫流を

[*2] 平均到達距離＝対象面積/(2×水路総延長)

9.1 氾濫流をコントロールする

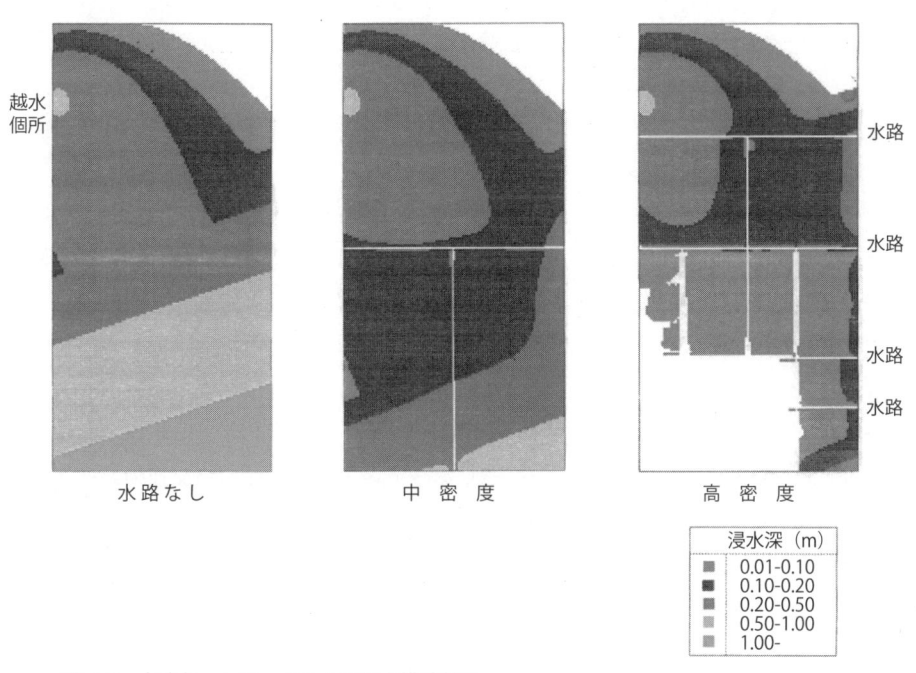

図-9.2 水路ネットワークによる浸水排除効果
水路網密度が高いほど，また氾濫主流から離れるほど，最大浸水深は小さくなる

浸水深（m）
0.01-0.10
0.10-0.20
0.20-0.50
0.50-1.00
1.00-

越水個所　水路なし　中密度　高密度　水路

取り込み，氾濫水を貯留することにより，氾濫水の拡散防止効果を発揮する。水路ネットワークの浸水排除効果を氾濫解析により検証すると，水路がない場合，流域下流で1m以上の浸水であったが，平均到達距離500mの水路網があると0.2～0.5mとなり，平均到達距離130mの水路網があると浸水はほとんど排除される結果となった。

＜霞　堤＞
　霞堤は下流側の堤防を上流側の堤防の外側に重複させるようにつくった堤防で，富士川，天竜川，信濃川などの急流区間に多い。霞堤は武田信玄が釜無川筋に設置したのが始まりである。霞堤には洪水を一時的に滞留させる「貯留機能」と，上流からの氾濫水を河道に戻す「氾濫戻し機能」がある。とくに急流河川では後者の氾濫戻し機能が氾濫流のコントロールにとって重要となるが，近年締め切ら

第9章　被害軽減手法

れて連続堤化される傾向にある。霞堤内の地盤を嵩上げして浸水頻度を下げると，地域住民が理解を示して存続できる場合がある。この場合も，大洪水時の対策には十分なりうる。

＜陸閘等の操作＞

　長良川流域には今でも多数の輪中堤[*3]があり，洪水氾濫の際には輪中堤内に浸水が流入しないよう，輪中堤を横切る道路の陸閘を閉じるようにしている。流域内には浸水対応のために地盤を嵩上げした家屋（水屋）もある。また，安倍川流域には丘陵地近くまで伸びた霞堤があり，江戸時代に新田を洪水流から防御するためにつくられた。著者はこれを霞二線堤と称し，安倍川と支川藁科（わらしな）川に11箇所ある。その高さは本川堤防高と同じで，上流側に伸びている場合は，地盤高に応じて上流側がやや高くなっている。通常は道路交通の妨げとならないように，一部区間は開口され，開口部には陸閘（13箇所）が設置されるようになっている。とくに左岸にある霞二線堤（与一堤，伝馬町堤，安西堤）の陸閘を閉じれば，上流からの氾濫流を確実に防御でき，下流の静岡市街地を水害から守ることができる。

　平成23年3月に国土交通省と静岡市が中心となって，洪水時における陸閘の操作要領（市の施設は操作規程）を定めた。この要領によれば，安倍川の牛妻水位観測所（16k）の水位が
- 4.7mに達した段階で，門屋下陸閘を閉鎖し
- 4.9mに達した段階で，残り10箇所の陸閘を閉鎖する

よう，規定している。なお，安倍川流域において避難完了を想定した氾濫危険水位は4.1m，計画高水位は5.51mで，避難完了が想定された状態から閉鎖する手順である。しかし，閉鎖に伴って上流域の浸水深は高くなるし，また道路交通を遮断するという決断を行えるかどうかが課題である。少なくとも，安倍川破堤後は陸閘をすぐ閉鎖できるよう，かねてより陸閘の役割，閉鎖前の対応などを地域住民に周知しておくとともに，他地域からの通行者（ドライバー）には電光掲示板などで注意喚起する必要がある。なお，大正3（1914）年8月の台風による安

[*3] 輪中は小規模な輪中が合体して，大規模な輪中となったものもある

9.1 氾濫流をコントロールする

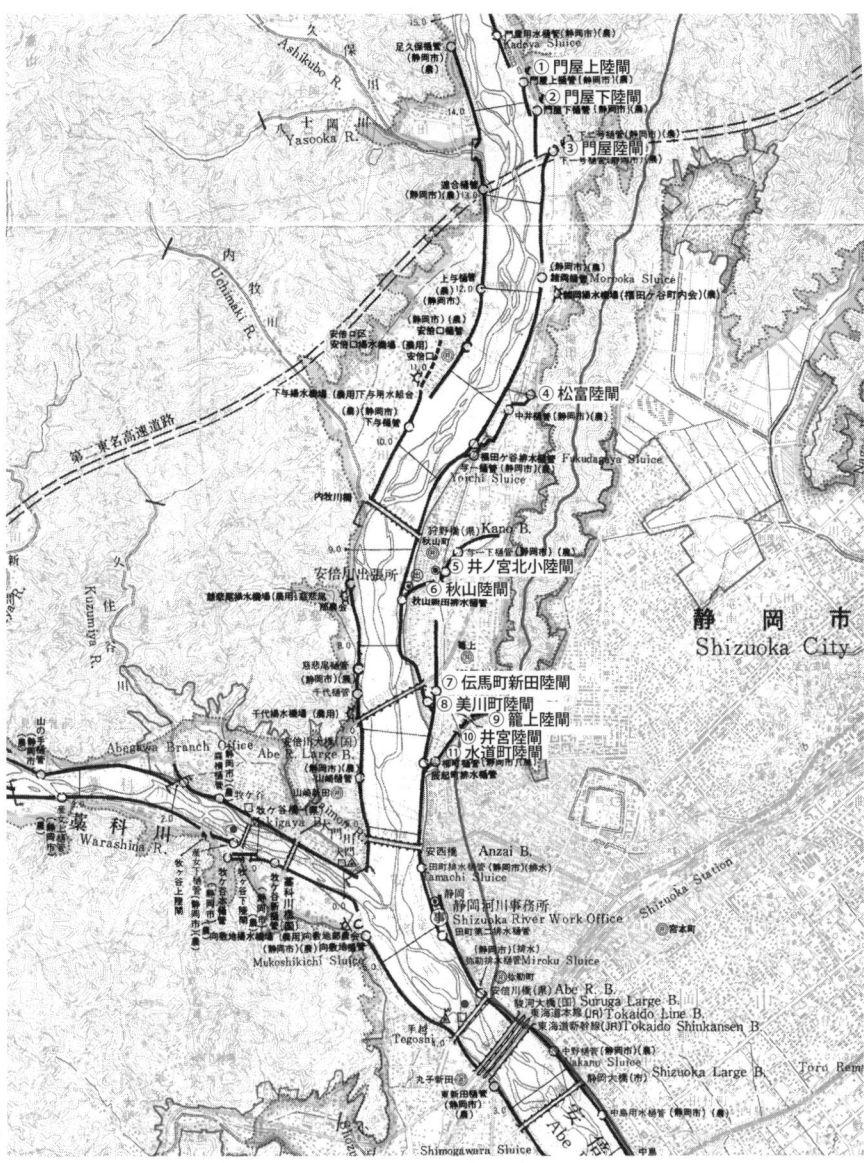

① 門屋上陸閘，② 門屋下陸閘，③ 門屋陸閘，④ 松富陸閘，⑤ 井ノ宮北小陸閘，⑥ 秋山陸閘，
⑦ 伝馬町新田陸閘，⑧ 美川町陸閘，⑨ 籠上陸閘，⑩ 井宮陸閘，⑪ 水道町陸閘
＊　下流の陸閘は鋼製の両開きタイプが多い

図-9.3（1）　安倍川流域の陸閘の分布

第9章 被害軽減手法

⑧ 美川町陸閘の道路　　　⑪ 水道町陸閘のゲート

図-9.3（2）　つづき

表-9.3　安倍川の主要な陸閘

陸閘名	霞堤名	管理者	寸　法	特　徴
松富陸閘 11.25k	与一堤	静岡市県道	(1.35〜1.55)×11.75m	S48完成。角落とし
秋山陸閘 8.55k	伝馬町堤	静岡市県道	(1.8〜2.1)×18m	S48完成。大規模な陸閘（角落とし）。扉体は堤体内にある
水道町陸閘 7k	安西堤	国交省市道	2×16.06m	S36完成でH3に改良。氾濫流をとめる最後の砦。鋼製両開

＊　寸法は高さ×横幅である

倍川の破堤氾濫では門屋下堤，下堤，与一堤，伝馬町堤，安西堤の霞堤が決壊して，氾濫流が静岡へ流入し，375戸が全半壊するなど，甚大な被害をもたらした。

＜緊急排水路＞

　阿賀野川では昭和41年7月水害時に，氾濫水排除のために堤防を開削すると同時に，280mの導水路を開削した。堤防開削の判断については国会にまで議論がおよび，最終的に建設大臣によって決定された。なお，湛水を排除するための堤防開削は鳴瀬川支川吉田川（S61.8），千曲川支川鳥居川（H7.7）でも実施された。また，利根川支川小貝川では昭和61年8月水害時に，破堤氾濫流の到達前に水海道市職員および消防団員がビニールシートで覆った幅2m，深さ1mの緊急排水路を仮設して，氾濫流を千代田堀の排水樋門から排水した。この氾濫は小貝川35.5k右岸（茨城県石下町本豊田地区）で発生した浸透破堤によるものである。

9.1 氾濫流をコントロールする

写真-9.1 小貝川の緊急排水路

＜氾濫原樋門・ポンプ＞

　大規模な氾濫が発生した場合，とくに閉鎖性流域などでは大きな浸水深となり，非常に危険な状態となる。また，既存の内水排除用の樋門やポンプでは十分排水できない可能性もある。氾濫原樋門・ポンプは水路を経ないで排水を行う氾濫流制御施設である。昭和61年8月水害が発生した鳴瀬川支川吉田川左岸に排水能力向上を目指した「非常用排水樋管」が2箇所建設された。氾濫原樋門ではゲート式で下から排水する場合，水深が高く流速が大きくなる場合があるので，ゲートの上部から排水できるダムのクレストゲートのような樋門が有効となる。

＜複合した手法＞

　利根川はカスリーン台風（S22.9）に伴う洪水により，埼玉県東村（現在の大利根町）で破堤した。氾濫流は旧河道である古利根川を流下し，最終的に東京まで到達して，各地に甚大な被害を及ぼした。この氾濫対策として，現時点ではJR武蔵野線，国道16号線を二線堤として，下流域への氾濫流量を減少させ，誘導された氾濫水をポンプで江戸川へ排水する方法が考えられる。この方法は基本的には事前対応であるが，JR武蔵野線等を二線堤として利用する場合，道路等のカルバートが多数あるので，大型土のうなどで氾濫水の流下を阻止する緊急対応が必要となる。このように二線堤をポンプや樋門などと組み合わせて活用すると，一層効果的な氾濫流制御が行える。

第9章 被害軽減手法

◎参考文献

1) 末次忠司：河川の減災マニュアル，技報堂出版，2009年
2) 浜口達男・本間久枝・井出康郎ほか：水害防備林調査，土木研究所資料，第2479号（1987）
3) 栗城稔・末次忠司・舘健一郎ほか：河川ネットワークによる都市機能の向上 – 水路網の実態調査結果 –，土木研究所資料，第3477号（1997）
4) 栗城稔・末次忠司・舘健一郎ほか：水路ネットワークによる浸水排除効果，土木技術資料，Vol.39, No.7（1997）

9.2 二線堤で都市を守る

　洪水は堤防やダムなどの治水施設で防御するのが基本であるが，氾濫原特性や地域によっては，他の方策が有効な場合もある．例えば，流域内の都市域が狭い範囲に限定されている場合，都市部を取り囲むように二線堤を配置する方法がある．とくに既存の道路や線路盛土を二線堤として活用できる場合は経済的で効果的な治水対策となりうる．二線堤は古来より，利根川流域の中条堤，荒川流域の日本堤・隅田堤などで効果を発揮してきた．中条堤は渡良瀬遊水地と比較しても遜色ない貯水容量を有して利根川洪水に対応してきたし，荒川の日本堤（1.4km）と隅田堤（3.8km）は漏斗状の氾濫原により洪水を遊水させて，下流の被害を軽減してきた．天正18（1590）年から明治45（1912）年までの破堤実績を見ると，左岸の隅田堤が3回破堤したのに対して，江戸側にある右岸の日本堤が破堤していないことからも，二線堤が江戸を守る防御ラインであったことが伺える．いずれの二線堤も都市防御という機能は有しており，大河川が氾濫した際の遊水地域を確保するための施設であった．

　二線堤を設置すると，上流域では浸水深または浸水範囲が増大するので，被害額は増える．しかし，氾濫水の阻止により下流の都市域の被害額が著しく減少すれば，流域全体で見て被害軽減の経済的効果を得られる．したがって，氾濫原特性や資産分布により二線堤の被害軽減効果は変わってくる．土木研究所では氾濫原勾配，資産分布，二線堤の向きなどが異なる3河川流域を対象に解析を実施し

表-9.4　二線堤の効果を解析した氾濫原の特性

	氾濫原勾配	氾濫形態	都市・資産分布	氾濫流向に対する二線堤の向き
A川	1/1 000	沿川流下型	下流に市街地（約5倍）	下流45度
B川	1/1 250	拡散型	中流に市街地（約1.4倍）	下流30度
C川	1/200	拡散型	集落が点在（約2倍）	90度

＊　都市・資産分布の（　）内は下流/上流の資産比率を表している

第 9 章 被害軽減手法

た。

その検討結果より，以下のことがわかった。

- 二線堤（2m 盛土）設置により，下流域の浸水面積は A 川流域で 85％減，C 川流域で 4％減と，氾濫原勾配が急な流域では二線堤による制御機能が弱い
- 二線堤（2m 盛土）設置により，流域全体被害額は A 川流域で 67％減，C 川流域で 1％増であった。資産比率が高くなく，氾濫原勾配が急な C 川流域では二線堤による被害軽減効果は少ない。C 川流域では二線堤の向きが氾濫流を貯めやすい特性があることも影響している

このような結果などより，二線堤が治水効果を発揮する条件は以下の通りである。

- 二線堤により氾濫水の貯留が期待できる 1/1 000 より緩い氾濫原勾配を有し，かつ
- 防御する下流の都市域に資産が多い条件で，二線堤下流の資産が上流の 3 倍以上である氾濫原である

近年では昭和 61 年 8 月水害後，鳴瀬川支川の吉田川流域に新設バイパスや嵩

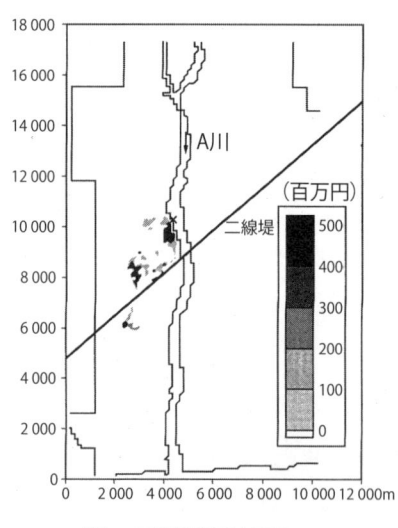

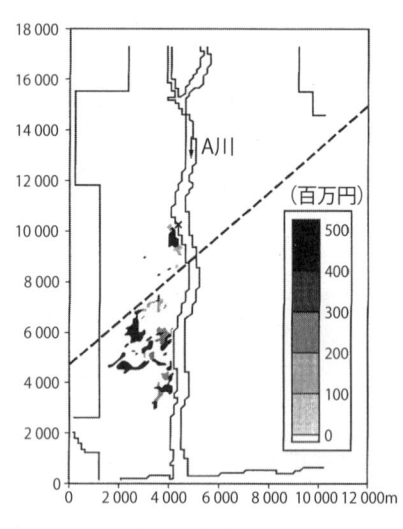

(1) 二線堤の盛土高 2 m　　　　　(2) 二線堤なし

図-9.4 二線堤による浸水状況の変化（A 川流域右岸破堤）
地形特性によっては二線堤を設置しても，上流側の浸水はそれほど増加しない場合がある

9.2 二線堤で都市を守る

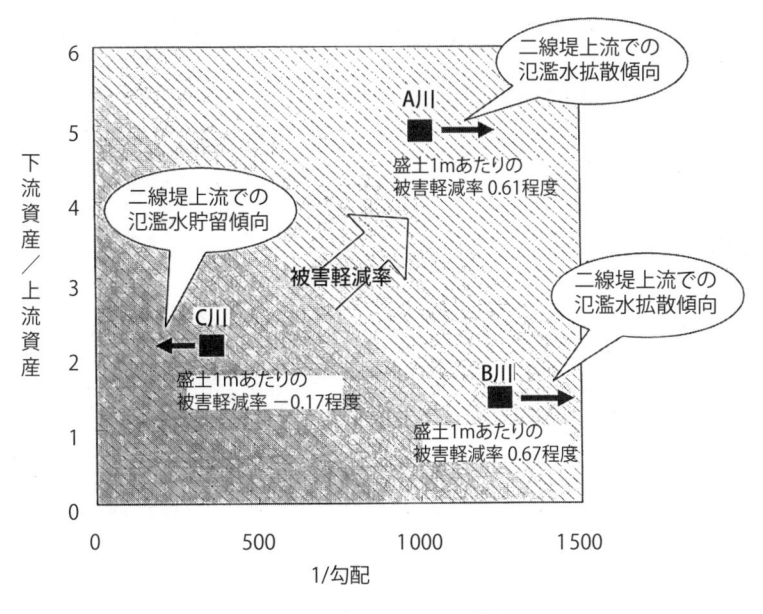

図-9.5 二線堤が有効な氾濫原特性

グラフ説明:
- 縦軸: 下流資産／上流資産 (0〜6)
- 横軸: 1/勾配 (0〜1500)
- A川: 盛土1mあたりの被害軽減率 0.61程度（二線堤上流での氾濫水拡散傾向）
- B川: 盛土1mあたりの被害軽減率 0.67程度（二線堤上流での氾濫水拡散傾向）
- C川: 盛土1mあたりの被害軽減率 −0.17程度（二線堤上流での氾濫水貯留傾向）
- 被害軽減率

上げ道路などを用いた二線堤が建設され，鹿島台駅周辺の市街地を水害から守る「水害に強いまちづくり事業」が行われた。この水害では吉田川で4箇所が越水破堤し，湛水は長い所（品井沼）で12日間に及んだ。

◎参考文献

1) 末次忠司・都丸真人・舘健一郎：二線堤の氾濫流制御機能と被害軽減効果，土木研究所資料，第3695号（2000）

9.3 緊急的な災害復旧

　破堤災害が発生した場合，まず粗くてもよいので，復旧計画を策定しておく必要がある。すなわち，どの工程にどの程度の日数をかけるかを決めて，それに必要な資材・材料の数量を見積もっておく。そして，復旧工法としてはまず，①破堤口の拡大をおさえる，②破堤口へ向かう洪水流を減勢することを優先して行う。①では破堤区間内の堤防の根元へブロックや蛇篭などを投入して，洪水流が破堤断面にあたって侵食しないようにする。②では対岸の高水敷を掘削[*1]して低水路幅の拡幅を行ったり，上流破堤口側に捨石などの水制工を設置する。この際，ブロック等を運搬するのに，重機が堤防等を走行できるかどうかの判断が必要となる。

　以上の工法を実施した段階で，洪水流および氾濫流の流速が減少していれば，決壊口を遮断する仮締切工を行うが，まだ洪水流等の流速が速い場合は水を通過させながら流速を減勢する荒水止め工を実施する。荒水止め工は仮締切工より遠巻きに締め切る工法で，上流より捨石や捨ブロックを行う。ブロックは重量が重いほど移動しないが，形状で見るとホロスケアー，十字ブロック，H型ブロックなどの平面型（厚さはある）が大きな流速に耐えられ，逆に六脚ブロック，テトラポットなどの六面型は移動限界流速が小さい。図-9.6に示すように，例えば平面型ブロックで見れば，重量1トンで約4m/s，3トンで4.7m/sが限界流速となっている。

　次に行う仮締切工がもっとも重要で困難な工事である。工程により破堤箇所をせばめる「漸縮工」と「せめ工」からなる。漸縮工は破堤箇所の両側から鋼矢板または盛土により締め切っていくが，最後の「せめ」の部分の流速が速くなって深掘れすると，漸縮工の先端が流失してしまい，工事をやり直さなければならない。また，こういうことが起きないよう，かつ一気に締め切れるように「せめ」

---

　　*1　高水敷幅が狭い場合は，洪水流が堤防を侵食する危険性があるので，配慮する

9.3 緊急的な災害復旧

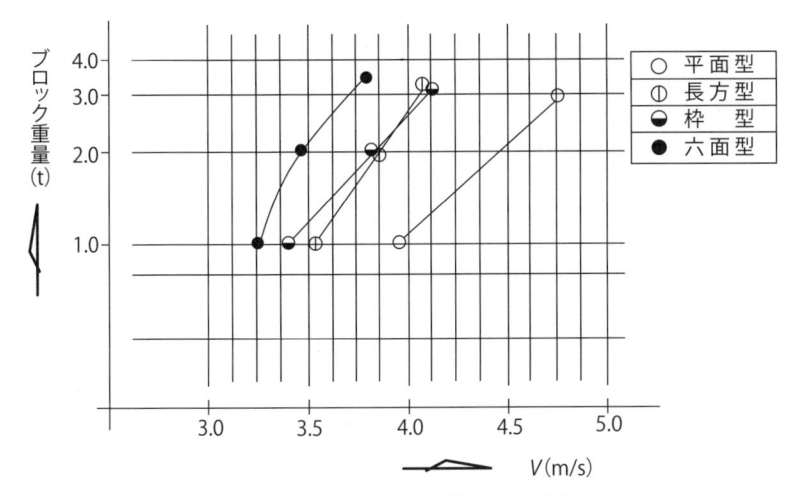

ブロック重量(t)

```
4.0 ─┬─┬─┬─┬─┬─┬─┬─┬─┬─┐   ○ 平面型
     │ │ │ │ │ │ │ │ │ │   ◐ 長方型
3.0 ─┼─┤ │ │◐│ │ │○│ │ │   ◑ 枠 型
     │ │ │●│ │ │ │ │ │ │   ● 六面型
2.0 ─┤ │ │ │ │ │○│ │ │ │
     │ │ │ │ │ │ │ │ │ │
1.0 ─┤ │●│◑│ │○│ │ │ │ │
```
3.0　3.5　4.0　4.5　5.0　V(m/s)

図-9.6　重量と移動限界流速との関係

表-9.5　ブロックのタイプ別分類

タイプ	ブロックの名称
六面型	六脚ブロック，テトラポット，シェークブロック等
枠型	合掌ブロック，中空三角ブロック，三脚ブロック等
長方型	三連ブロック，コーケンブロック等
平面型	ホロスケアー，十字ブロック，メタクロスブロック，合掌ブロック改良型，H型ブロック，Y型ブロック，タートルブロック等

の延長を決める必要がある。

一方，仮締切工は仮復旧堤防を兼用する場合が多いため，その視点から締切法線，工法などを決定することが大事である。仮締切りの施工位置には，① 在来法線仮締切り，② 堤外仮締切り，③ 堤内仮締切りの3通りの方法があり，おのおのの用地条件，利点・欠点は**表-9.6**の通りである。

仮締切りに関する留意事項をカスリーン台風（S22.9）時の利根川，揖斐川支川牧田川（S34.8），伊勢湾台風（S34.9），小貝川水害（S61.9）の事例を通して整理すると，以下の通りである。

- 氾濫流の流速が速い場合，打設した杭が折損することがあるので，長い杭を短い間隔で打設して，土俵詰みを行う。また，「せめ」を行う前に，沈床や

第9章　被害軽減手法

表-9.6　仮締切りの施工位置に関する利点・欠点等

	在来法線仮締切り	堤外仮締切り	堤内仮締切り
締切箇所	従来の堤防箇所	堤外地	堤内地
用地条件	破堤区間が深掘れしていない	川幅が広く，高水敷が広い（堤外地が深掘れしていない方が良い）	堤内地が深掘れしておらず，用地取得が困難でない
利点	短い時間で施工でき，堤防本復旧工事に利用できる	堤防本復旧工事の準備工に利用できる	洪水流を阻害しないで施工できる
欠点	堤防内に石・ブロック等が残る	多くの資材を必要とし，工期が長い。延長が長くなる	延長が長くなる

捨石等の洗掘防止工事を行う
- 洪水の主流が破堤箇所から離れるように，破堤箇所上流に水跳ねの水制または聖牛を設置する
- 大量の石の入手が困難な場合，サンドポンプ船により土砂を投入する。橋梁や浅瀬が多いと，ポンプ船の河川遡航は困難となるので，減水前の時間を有効に利用して回航する
- 大型ブロックが不足する場合は，他の河川や海岸から持ってくるが，大型ブロックを輸送する道路，ブロックを置く広い場所の確保に努める
- 締切作業が破堤中央の最深部に進むにつれて必要土量は急激に増加する

なお，災害復旧の基本は効用や機能を回復する原形復旧が原則であるが，再度災害のおそれがある場合に，未被災箇所を含めて一体的に整備する「河川等災害関連事業」が平成21年に創設された。

◎参考文献

1) 国土開発技術研究センター：堤防決壊部緊急復旧工法マニュアル（1989）
2) 締切工法研究会編集：応急仮締切工事，全国防災協会・全国海岸協会発行（1963）

第10章
減災体制

10.1 温故知新に学ぶ

　新たな治水方策の検討や技術開発はもちろん重要であるが，古来の手法や伝統的な治水対策にも見習う点は多い。戦国時代から江戸時代にかけては，武田信玄，成富兵庫茂安，加藤清正などが治水事業で腕をふるったし，明治期には古市公威（こうい），沖野忠雄などが活躍した。また，近代でも宮本武之輔，橋本規明（のりあき）などの技術者が治水事業で活躍した。

　戦国時代の武田信玄の業績は上中流部扇状地にある釜無川の信玄堤システム，笛吹川の万力林に特筆される。加藤清正は中下流平野部にある菊池川や緑川など

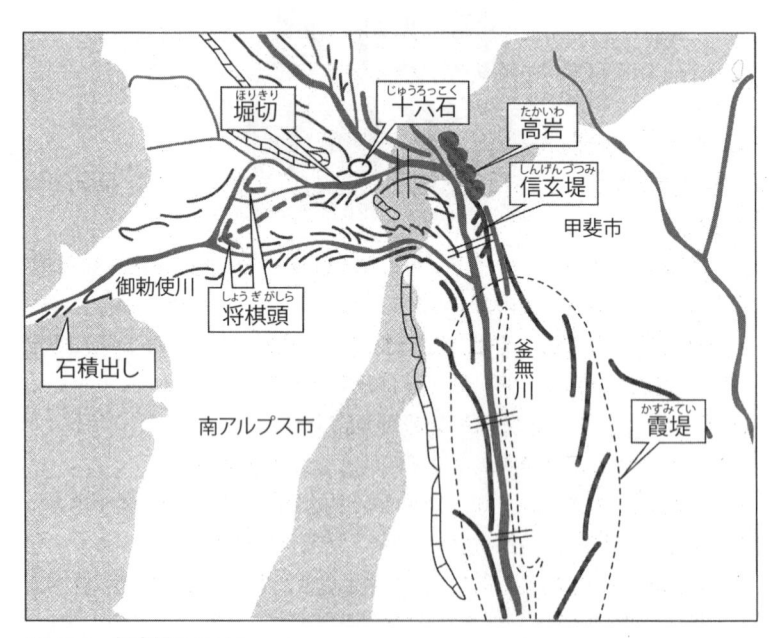

図-10.1　信玄堤システム
釜無川の洪水対策にあたっては，支川御勅使川の処理がポイントで，信玄は将棋頭や十六石などを用いて洪水流の誘導に尽力した

で，遊水地と霞堤などを組み合わせた治水を行った。成富兵庫茂安は自然の巨大な営力に逆らわずに川を治める「関東流」を用いた嘉瀬川を中心とする佐賀平野の治水システムが有名である。以下の表には戦国時代から江戸時代の為政者，近代の治水技術者について整理した。

表-10.1 歴史的治水工法等の概要

開発者	治水工法の概要
武田信玄 甲府盆地 16C半ば	【釜無川】支川御勅使（みだい）川の付替，石積出しと将棋頭により洪水流を誘導し，十六石により洪水の流向を竜王の高岩へ向けるとともに，信玄堤（霞堤）*，聖牛，付出しにより洪水を制御した。全体で減災する治水システムとなっている。霞堤は信玄が釜無川筋に初めて設置した 【笛吹川】堤内地の水害防備林である「万力林」と雁行堤（石積み堤）により，氾濫流の勢いを減少させ，土砂を堆積させる効果を発揮するもので，今日でも水害防止に役立っている 　　＊　当時は竜王河除場と呼ばれていた
加藤清正 菊池川など 16C末〜17C はじめ	【菊池川】越流堤と遊水地を組み合わせた治水を行った。支川では霞堤の一種である轡塘（くつわども）や水制を駆使した 【白川，坪井川】熊本城を水害から守るため，背割堤である石塘（とも）により白川と坪井川を分離した 【緑川，球磨川】支川付替え，遊水地，霞堤により対処した 【その他】荒篭（あらこ），乱杭，小石出しなどの治水工法のアイデアを出した
成富兵庫茂安 佐賀平野 17Cはじめ〜 半ば	【嘉瀬川】上流では河道を付替え，中流では堤防高の低い乗越（のこし）＋水害防備林（竹）により堤防に負荷をかけないようにし，堤防の背後には控え堤（二線堤）を建設し，本堤との間は遊水地とした。また，氾濫原の狭くなった所に横堤を築いて氾濫流制御を行った 【筑後川の旧河道】千栗（ちりく）堤では川岸に小堤を築き，その背後に本堤を築いて，その間を遊水地としている。堤防のり面に堤防の維持と水防のために，竹や杉が植樹されている 【城原川】城下町を守るため，城原川に多数の遊水地を建設した
宮本武之輔 荒川，信濃川 20C前半	荒川放水路の建設，信濃川大河津分水路の自在堰陥没の復旧工事を指揮した他，阪神大水害（S13）の復旧にも携わり，また科学技術庁の前身である技術院の創設にも貢献した。体系的にまとめた著書「治水工学（S11）」は現在でも名著と言われている
橋本規明 常願寺川，黒部川 20C半ば	急流河川対策に尽力し，河床上昇対策でタワーエキスカベータによる大規模掘削を行い，コンクリートに着目して侵食対策のピストル水制や十字ブロック根固め工を開発した。また，河床低下対策として床固めを設置した。著書「新河川工法（S31）」では急流河川工法を解説するとともに，狭窄部の活用を説いている

第10章 減災体制

◎参考文献

1) 土木学会:土木学会誌,1983年8月号
2) 国土交通省甲府河川国道事務所:甲斐の道づくり・富士川の治水 – 歴史資料集 –（1990）

10.2 減災教育で意識を高める

　減災を推進するには，地域の水害危険度を明らかにして，広く住民に知ってもらうと同時に，住民の水害意識や減災意識を高める必要がある。とくに若いうちから，また日常的に減災に馴染んでおくと，意識が高まる傾向がある。もっと言うと，義務教育で防災・減災教育をすべきであるし，「防災」や「減災」という授業科目があっても良いと考える。一方，大水害の経験も意識高揚に役立つ。例えば，全国世論調査の結果によれば，平成16年水害後国民の水害危険意識は高くなった。一方，中小水害を経験しても，短期間で記憶が薄れてしまい，意識高揚にはあまりつながらない。

　減災教育のツールとしては，以下に示すものがある。

■調　査

　実際に体を使って調査を行うと，記憶に鮮明に残りやすい。行政と住民が一緒に，水害危険箇所を現地調査し，その結果をマップ等に反映すれば，有効な減災ともなる。現地へ行かなくても，地形図を使って，水害の危険箇所を調べたり，避難所の場所を調べるのも効果がある。防災職員に関するDIG（Disaster Imagination Game）[*1]は，想定された被害状況を地図上の透明シートに書込み，被害に対してどのような救援活動を行うかといったブレーンストーミングを図上訓練したものである

■マスメディア

　テレビや新聞を通じて減災が話題になると，大きく影響する。ただし，一過性ではなく，○○ワンポイントアドバイスといった短時間でも良いので，繰り返し

[*1] DIGは元々自衛隊が行っていた指揮所演習の手法をアレンジして，ゲーム感覚で地域防災を考えられるようにした訓練手法で神戸市，新宿区，品川区，福岡市などで住民を対象に実施された

第 10 章　減災体制

放映または掲載されると記憶に残りやすい。新聞のシリーズものも有効である
　例）　○○水害後の 50 年を振り返る（1）（2）……など

■冊　子

　学校の教科書や副読本，住民に配布されるパンフレットなどがある。学校の教科書には台風，治水，防災ネットワーク，ハザードマップ，輪中，水屋など，幅広い内容が網羅されている。しかし，代表的な自然災害例は阪神・淡路大震災（H7.1）や雲仙普賢岳の火砕流（H3.6）であるし，水害被害全般に関する記述はないなど，十分な説明がなされているとは言えない。意識の高い地域にある学校では副読本も活用されている。洪水ハザードマップの副読本もマップとの相乗効果で有効である。パンフレットは国土交通省や都道府県などで種々作成されているが，一般市民への浸透はそれほど高くない

■DVD など

　減災や洪水情報は DVD やビデオなどの動画で発信されると，視覚的に理解しやすい。また，水防工法の説明も動画を使って行うべきである

■講演など

　専門家や体験者による講演は減災を考えるうえで非常に参考となる。小・中学校で行う出前講座も生徒の防災意識を高めるうえで有効である

◎参考文献
　1)　末次忠司：河川の減災マニュアル，技報堂出版（2009）

10.3 これでチェックできる水防災体制

市町村等の水防災体制は，担当者にとってはとくに問題ないものと考えられているが，第三者から見た客観的なチェックリストにより評価される必要がある。そして，評価により課題とされた点については，適宜改善していく必要がある。評価にあたっては，

危機的状況の想定	庁舎の損壊・停電，職員の召集不能
災害情報等の収集・伝達	情報収集手段，情報伝達体制，情報伝達手段
避難所	指定条件，安全度評価，避難所マップ
水防活動	水防資器材，水防訓練
事前対策	地域防災計画，防災訓練，組織間連携，浸水表示
避難の勧告・指示	避難勧告・指示の判断基準
その他	避難誘導員，災害時要援護者対応，マスコミ対応，ボランティア，災害意識高揚

などの項目を考える。チェックリストの1例（21項目）を以下に掲載する。市町村の減災担当者は表-10.2のチェックリストの該当する欄に☑印をつけることにより，体制的にどこに課題があるかを明らかにすることができる。

チェックリストのなかで，質問している危機的状況であるが，一般的な防災訓練や水防訓練ではなく，危機的状況を想定した訓練を行っている市町村もあるので，以下に主要な市町村を紹介しておく（「平成23年全国調査」結果による）。

- ライフラインの停止：北海道登別市，宮城県登米市，前橋市，長野県上田市，静岡県南伊豆町，奈良県天理市，兵庫県姫路市，岡山県津山市，島根県三次市，高知県宿毛市，長崎市など
- 情報ネットワークの途絶：登米市，姫路市など
- 防災機関の機能停止：高知県四万十市など
- 職員の召集不能：南伊豆町など

チェック項目のなかで，マスコミ対応は基本的には対応にかなり時間をとられ

第10章　減災体制

表-10.2　水防災体制のチェックリスト

＜危機的状況の想定＞
☐ 庁舎が機能しなくなった（建物損壊，停電等）時の対応を考えている
☐ 職員が十分な数召集できなかった時の対応を考えている
☐ 地域防災計画などのマニュアルからはずれた状況に柔軟に対処できる工夫を考えている

＜情報の収集・伝達＞
☐ 災害情報を迅速に収集する工夫（タクシー無線の活用等）を行っている
☐ 情報伝達を迅速に行う工夫（高速一斉FAX等）を行っている
☐ 住民へメール等を使った確実な情報伝達を行っている

＜避難・水防活動のための対応＞
☐ 避難勧告・指示を発令するための独自の基準を定めている
☐ 避難所は地震，水害に分けて指定している
☐ 避難所は浸水等に対する安全度評価を行っている
☐ 避難誘導員を割りあてている
☐ 洪水ハザードマップを作成・公表している
☐ 水防活動に必要な資器材の所在・備蓄数を確認している

＜訓練・打合せ＞
☐ 抜き打ちの防災訓練を実施している
☐ 危機的状況（建物損壊，職員数不足）を想定した防災訓練を実施している
☐ 実践的な水防訓練を行っている
☐ 消防，警察などの機関と定期的に打合せをしている

＜その他＞
☐ 浸水の危険性を示すために，浸水位表示を行っている
☐ 災害時要援護者リストを作成し，災害時に活用できるようにしている
☐ マスコミに対応できる体制を考えている
☐ ボランティアを受け入れる体制を整えている
☐ 講演会を開催したり，パンフレット作成など，災害意識を高揚させる方策を行っている

10.3 これでチェックできる水防災体制

るための措置であるが，誤解されやすい報道が住民に誤った認識を与える場合があるので，そうした面にも配慮する．例えば，平成16年7月の刈谷田川（中之島）の破堤に関して，テレビで刈谷田川ダムからの放流の映像の後に，破堤映像を流したため，あたかもダム放流が破堤の原因であるかのような錯覚を住民に与えてしまった．こうした報道に対して抗議するのもマスコミ対応である．

　こうした地域防災力は評価し，公表することによって，今後改善・向上させていこうというインセンティブが作用する．総務省は平成16年6月に「都道府県の地域防災力・危機管理能力についての自己評価結果」を公表した．これは各都道府県の防災担当者の自己評価による回答結果を数値化したもので，後述した静岡県の取り組みを参考に実施したものである．その結果は100点満点で1位が東京都（69.4点）で，最下位は群馬県（25.7点）であった．対策の傾向としては

- 地震対策に比べて風水害対策が不十分である
- 住民との情報共有化への取り組みが遅れている

ことなどが分かった．一方，各都道府県は市町村ごとの地域防災力を評価して，評価結果を公表することにより，市町村の意識を向上させることができる．例えば，静岡県では市町村の防災体制に関する実情調査をおおむね隔年ごとに行い，調査結果を公表することにより継続して市町村の防災意識を高めている．その結果，市町村の防災体制は着実に向上してきている．

　こうした組織の水防災体制チェックに加えて，水防災体制を維持する職員の意識チェックを行うことも重要である．チェック項目としては，

- 豪雨・洪水時に何をすべきか（自分の役割分担）？
- 災害発生時に何をすべきか（自分の役割分担）？
- 地域防災計画等のマニュアルを読んだことがあるか？
- 情報伝達体制について知っているか？
- これまでに発生した災害の状況について整理・分析したか？
- 防災・減災に関する講演会や講習会に参加し，情報・知識を吸収したか？

などが考えられる．

◎参考文献

1) 山村武彦：人は皆「自分だけは死なない」と思っている，宝島社（2005）

参考図書（発行年順）

1) 末次忠司：河川技術ハンドブック，鹿島出版会（2010）
2) 末次忠司：現場で役立つ実践的減災読本　河川の減災マニュアル，技報堂出版（2009）
3) 国土技術政策総合研究所監修：実務者のための水防ハンドブック，技報堂出版（2008）
4) 全国防災協会編:写真と映像で学べる　水防工法の基礎知識,全国防災協会(2008)
5) 末次忠司：これからの都市水害対応ハンドブック，山海堂（2007）
6) 辻本哲郎編：豪雨・洪水災害の減災に向けて－ソフト対策とハード整備の一体化－，技報堂出版（2006）
7) 災害応急対策制度研究会：災害時の情報伝達・避難支援のポイント，ぎょうせい（2005）
8) 日本自然災害学会監修：防災事典，築地書館（2002）
9) 佐々淳行編著：自然災害の危機管理～明日の危機を減災せよ！，ぎょうせい(2001)
10) 佐々淳行・竹村健一：日本の危機管理はこれでいいのか，致知出版社（1995）
11) 矢野勝正：水災害の科学，技報堂（1971）
12) 締切工法研究会編集：応急仮締切工事，全国防災協会・全国海岸協会発行（1963）

索　　引

■あ行

秋雨前線　15
アマチュア無線　103, 121
雨台風　19
アメダス　9
荒川の破堤プロセス　57
安全性の照査方法　77
アンダーパスにおける被災　140

家から脱出する　52
家への浸水流入防止策　51
伊勢湾台風　17, 71
一時避難所　110, 119
移動限界流速　159

ADCP　142
XバンドMPレーダー　9
越水災害　60
越水してから破堤するまでの時間　81
FDS法　83
エリアメール　33

応急処置　53
大雨警報　34
落堀　79, 101
帯工　56
温帯低気圧　19

■か行

階層的情報提供　21
確率降雨　2
霞堤　149, 163
霞二線堤　150
カスリーン台風　45
風台風　19
河川への転落　52
加藤清正　163
河道内貯留　23
仮締切工　158
仮締切りの施工位置　160
刈谷田川　83
考えられる機能低下　41
冠水注意箇所マップ　140
管理論的発想　43

危機回避のためのシナリオ　41
危機回避の鉄則　37
危機的状況の想定　167, 168
危険箇所の対策　139
木流し工　64
キャンパー事故　39
旧河道　101
旧川締切箇所　59
狭窄部　23
局所的集中豪雨　6
巨大水害　72
記録的短時間大雨情報　34

索　引

緊急警報放送システム　43，107
緊急対応　146
緊急通報システム　107
緊急排水路　152
近年発生した水害　3

携帯電話　104
減災教育　165

豪雨や洪水などの予兆　37
公園貯留　27
洪水位上昇速度　24
洪水ハイドログラフ　22
洪水波形　23
洪水ハザードマップ　96
洪水流出特性　21
後背湿地　100

■さ行

災害弱者　106
災害時要援護者　107
災害情報システム　104
災害対策資器材検索システム　43
災害復旧　158
災害用伝言ダイヤル　106
再避難　118
探り棒　125
佐用川支川幕山川の氾濫　20
山陰豪雨災害　15
三角州　100

C3D　142
自家発電機　135
時間雨量と浸水　36
資金補助　29
自主避難場所　119
事前放流　46
湿舌　14
集中豪雨　6

集中豪雨の発生プロセス　7
10分間雨量　11
主要台風の最低気圧，最大風速　17
樹林化　70
樹林の倒伏・流失　70
擾乱スケール　8
職員の意識チェック　169
信玄堤システム　162
侵食災害　56
侵食による破堤　56
浸水位計　142
浸水計　32
浸水した避難所の割合　118
浸水時の避難危険性　116
浸水中の避難速度　124
浸水深に対する車の危険度　129
浸水防止機　86
浸透災害　58
浸透施設　28
浸透破堤状況　59

水害　3
水害危険意識　165
水害地形分類図　100
水害被害密度　73
水害防備林　147，163
水難事故時の行動　39
水難事故による死者・行方不明者数　53
水防活動　62
水防工法　63，64
水防専門家　62
水防団員　62
水防法　67
水文・災害情報の入手先　33
水路ネットワーク　148
水路網密度　148
ステップ　89
隅田堤　155

正常化の偏見　39

索　引

堰とめ湖　　4
せめ　　158
善光寺地震　　4

総雨量・時間雨量と浸水棟数との関係　　35
総合治水　　26

■た行

台風進路　　16
台風に伴う豪雨の発生プロセス　　16
台風の構造　　18
台風の暴風域　　17
高潮　　17
タクシー無線　　103
武田信玄　　163
ただし書き操作　　112

地域独自の発令基準　　112
地域防災力　　169
地下街の被害　　87
地下施設における主要な浸水対策　　91
地下室における浸水深上昇　　89
地下水害　　85
地下貯水槽　　88
地下鉄の被害　　87
地形浸水指数　　98
治水地形分類図　　100
中条堤　　155
町村合併　　103
貯留施設　　27

月の輪工　　64
築きまわし工　　65

DIG　　165
停電が及ぼす影響　　132
停電の復旧状況　　132
堤防開削　　45, 152
堤防センサー　　142

堤防の陥没・のり崩れ　　66
堤防の危険箇所　　137
点検時のモニタリング　　138

東海豪雨　　128
東海豪雨災害　　3
透水性舗装　　28
都賀川　　23
床掘り　　58
土のう羽口工　　65
ドレーン工　　60

■な行

内水排除　　49
内水ハザードマップ　　98
長崎水害　　14, 128
成富兵庫茂安　　163

新潟地震　　4
2階へ避難する　　116
2次流　　57
二線堤　　147, 155
二線堤が治水効果を発揮する条件　　156
日本堤　　155

燃料不足・商品不足の影響要因　　135

■は行

バイアス　　39
梅雨前線　　14
梅雨末期の集中豪雨　　15
排水性舗装　　28
排水調整要綱　　47
パイピング　　76
破堤箇所付近の氾濫流速　　82
破堤原因　　60, 81
破堤原因を見分ける　　76
破堤幅　　79

索 引

破堤氾濫流　83
破堤プロセス　61
氾濫原樋門・ポンプ　153
氾濫水の上昇速度　82
氾濫水の到達時間分布図　97
氾濫特性から見た氾濫形態　101
氾濫流制御手法　146
氾濫流の伝播速度　81

ヒートアイランド現象　7
東日本大震災　134
非常事態宣言　121
避難確保計画　86
避難勧告・指示　11
避難困難性　116
避難所安全度等評価フロー　119
避難所一覧表　121
避難・水防活動の基準水位　111
避難途中の注意　125
避難の成功事例　121
避難の阻害要因　113
避難の鉄則　125
避難のノウハウ　124
避難判断水位　112, 115
避難命令発令の基準水位　111
避難率　113
比流量　22

深掘れ　56
複合災害　4
舟型屋敷　148
不陸　60

偏流　58

ボイリング　76
防災エキスパート　63
防災行政無線　33
防災樹林帯　147
防災情報メール　106

防災調節池　26
防災手帳　127
防水板　91
防水扉　91
飽和度　59
ポンプ船　160
ポンプ排水　49
ポンプ排水規制　47

■ま行

まるごとまちごとハザードマップ　98
マルチ・パラメータ・レーダー　9
円山川の破堤プロセス　78

水防災体制のチェックリスト　168

無停電電源装置　134

メールサービス　32

目撃証言　77

■や，ら，わ行

遊水地　163

予備放流　46

ライフライン施設の浸水対策　136
ライフライン被害　132

陸閘　150
陸閘の操作要領　150
流域対応　24, 26
流木による河道閉塞　69
流木の諸元　68

レーザー・プロファイラー　98
レーダー・アメダス解析雨量　9

索　引

歴史的治水工法　163
連携協定　41

輪中堤　150

■英数

2階へ避難する　116
2次流　57

10分間雨量　11

ADCP　142

C3D　142

DIG　165

FDS法　83

Xバンド MP レーダー　9

著者紹介

末次　忠司（すえつぎ　ただし）

1982 年	九州大学大学院工学研究科水工土木学専攻修了
1982 年	建設省土木研究所河川部総合治水研究室研究員
1988 年	〃　　企画部企画課課長補佐
1990 年	〃　　〃　　企画課課長
1992 年	〃　　河川部総合治水研究室主任研究員
1993 年	〃　　〃　　都市河川研究室主任研究員
1996 年	〃　　〃　　都市河川研究室室長
2000 年	〃　　〃　　河川研究室室長
2001 年	国土交通省土木研究所河川部河川研究室室長
2001 年	国土交通省国土技術政策総合研究所河川研究部河川研究室室長
2006 年	（財）ダム水源地環境整備センター研究第一部部長
2009 年	（独）土木研究所水環境研究グループグループ長
現　在	山梨大学大学院医学工学総合研究部工学系学域社会システム工学系
	博士（工学），技術士（建設部門）
* 1993.1 ～ 1994.1	米国内務省地質調査所水資源部表面水研究室

著書：都市の環境デザインシリーズ　都市に水辺をつくる，技術書院，1999 年（共著）
　　　―実務家のための―最新トンネルハンドブック，建設産業調査会，1999 年（共著）
　　　水理公式集［平成 11 年版］，土木学会，丸善，1999 年（共著）
　　　防災事典，日本自然災害学会　監修，築地書館，2002 年（共著）
　　　水のこころ誰に語らん　多摩川の河川生態，紀伊國屋書店，2003 年（共著）
　　　図解雑学　河川の科学，ナツメ社，2005 年
　　　実務者のための水防ハンドブック，技報堂出版，2008 年（共著）
　　　現場で役立つ実践的減災読本　河川の減災マニュアル，技報堂出版，2009 年
　　　河川構造物維持管理の実際，鹿島出版会，2009 年（共著）
　　　河川技術ハンドブック，鹿島出版会，2010 年

水害に役立つ減災術
―行政ができること　住民にできること―

定価はカバーに表示してあります。

2011 年 11 月 20 日　1 版 1 刷発行	ISBN 978-4-7655-1789-8 C3051

著　者	末　次　忠　司
発行者	長　　滋　彦
発行所	技報堂出版株式会社

〒 101-0051　東京都千代田区神田神保町 1-2-5
電　話　　営　業　（03）（5217）0885
　　　　　編　集　（03）（5217）0881
　　　　　Ｆ Ａ Ｘ　（03）（5217）0886
振替口座　00140-4-1
Ｕ Ｒ Ｌ　http://gihodobooks.jp/

日本書籍出版協会会員
自然科学書協会会員
工学書協会会員
土木・建築書協会会員

Printed in Japan

© Tadashi Suetsugi, 2011

装丁　濱田晃一
印刷・製本　三美印刷

落丁・乱丁はお取り替えいたします。
本書の無断複写は，著作権法上での例外を除き，禁じられています。